Cómo educar a sus hijos
con el ejemplo

Si está interesado en recibir información
sobre nuestros libros,
envíe su tarjeta de visita a:

Amat Editorial
Comte Borrell, 241
08029 - Barcelona
Tel. 93 410 67 67
Fax 93 410 96 45
e-mail: info.amat@gestion2000.com

SAL SEVERE

Cómo educar a sus hijos
con el ejemplo

Amat Editorial

Título original en inglés: *How to behave so your children will, too!*
Autor: Sal Severe

© Green Tree Publishing, Arizona, 1999
© para esta edición: Editorial Amat, S.L., Barcelona 2002

ISBN: 84-9735-043-X
Depósito legal: B-18.379 - 2002
Traducción: Esther Gil
Diseño de cubierta: Jordi Xicart
Fotocomposición: Text Gràfic
Impreso por Romanyà-Valls, S.A.
Verdaguer 1, Capellades (Barcelona)

Impreso en España — Printed in Spain

A aquéllos que me han enseñado a ser un buen padre.
A mis padres, Mary y Tony, y
A mis hijos, Anthony, Leah y Alyssa.

Índice

Agradecimientos 9

Prólogo 11

Parte I – Acercándonos al problema 13

   1. Cómo se comportan los padres que saben educar 15

   2. Redefinir la disciplina 27

Parte II – Cómo los niños aprenden su comportamiento 31

   3. Los niños copian modelos 33

   4. Usted y su hijo: un aprendizaje mutuo 37

Parte III – Cómo favorecer las actitudes
y comportamientos positivos de sus hijos 45

   5. Subrayar la buena conducta 47

   6. Nunca dé un helado así como así 55

   7. Tablas y contratos 61

   8. Cómo poner en práctica las normas y las consecuencias 71

   9. Cómo ser previsor 77

   10. Cómo motivar a sus hijos 87

   11. Autoestima-motivación 99

   12. Ser consecuente puede avergonzarle 105

   13. Cómo ser más consecuente 117

Parte IV – Cómo frenar la mala conducta 125

14. Cómo aprenden los niños a manifestar
    una mala conducta 127

15. Por qué los niños siempre nos tocan el punto débil 135

16. Imparta castigos que enseñen 143

17. Cómo castigar a sus hijos sin castigarse a sí mismo 155

18. Dar azotainas 163

19. Corregir la conducta inapropiada mediante
    el tiempo muerto 171

20. ¿Qué hacer con un niño que se niega
    a ir a tiempo muerto? 191

21. Cómo ser creativo con el tiempo muerto 195

22. Cómo tratar las peleas y las luchas de poder 203

23. Reducir la necesidad de ser el centro de atención 217

Parte V – Soluciones sencillas a problemas persistentes 223

24. Resolver conflictos entre hermanos 225

25. Responsabilidad, tareas domésticas y concesiones 229

26. Problemas con los deberes escolares 239

27. Falta de atención, hiperactividad y conducta 245

28. Divorcio y conducta 249

29. Presión de los compañeros 261

Parte VI – Cómo disfrutar siendo padre 271

30. Prometa dar gracias 273

Índice de materias 279

El autor 285

Agradecimientos

Los comentarios de mis colegas han sido, sin duda, el mayor apoyo. Me gustaría manifestar mi más sincera gratitud a Jack Canfield por el tiempo dedicado a la lectura del texto original. Asimismo, me gustaría dar las gracias al Dr. Robert Brooks, Dr. Neil Aaron, Marshall Langan, Mary Ann Perez y a Cindy Wojtowicz por la buena crítica realizada al libro.

Tener ideas es una cosa y articularlas por escrito es otra. Por ello, debo agradecer a la Dra. Susan Krueger, Marge Scalon y Bonnie Neal todas las horas que han dedicado a la lectura del libro y a su edición.

Por último, me gustaría dar gracias a los miles de padres por su respuesta positiva. Gracias a ella, he tenido el ánimo y el apoyo suficientes para sentarme y escribir este libro; pero sobre todo, agradeceos a vosotros, los padres e hijos que habéis compartido vuestras historias conmigo, para que otros puedan llegar a ser también mejores padres.

Prólogo

He dedicado los últimos veinticinco años a trabajar con niños que presentaban problemas de conducta. Algunos manifestaban problemas emocionales, dificultades de aprendizaje y falta de atención. La mayoría eran indisciplinados o, mejor dicho, aunque habían recibido normas de comportamiento no se integraban bien ni en el colegio, ni en la sociedad, ni en su relación con otros niños.

Desgraciadamente, la mayoría de estos niños tampoco se integraban en sus familias. Este es el problema que me propuse resolver. Me di cuenta de que trabajar con los padres ofrecía mayores posibilidades de ayuda. Si se mejora la vida familiar del niño, el resto de aspectos también mejorará. Por consiguiente, empecé a compartir esta experiencia que había adquirido trabajando en colegios y en centros de tratamiento con los padres. Los resultados fueron sorprendentes: una hora de tratamiento a la semana con los padres de los niños era significativamente más terapéutico que la ayuda psicológica que prestaba a sus hijos durante una hora.

Pronto estuve trabajando con grupos de padres que se convirtieron en clases interactivas. Desde 1982 he estado dirigiendo estas clases sobre disciplina en todo el Sudoeste de Estados Unidos. Más de 12.000 padres han asistido a estas clases.

Considero que he aprendido más de los padres de lo que ellos han aprendido de mí. Cada vez que escuchaba una idea nueva o una historia entretenida la escribía; cada vez que escuchaba una solución a un problema recurrente, la escribía. Este libro es, pues, el resultado de la recopilación de estas historias, ideas y soluciones.

Parte I
Acercándonos al problema

1

Cómo se comportan los padres que saben educar

Los niños de ahora adoran el lujo; son maleducados; desacatan a la autoridad; no muestran respeto hacia los mayores... los hijos de ahora son tiranos, no los siervos de sus casas... Contradicen a sus padres... y tiranizan a sus profesores.

Sócrates, 390 a. C.

Siempre que me preguntan si mis hijos han hecho alguna vez algo que me cogiese totalmente desprevenido, les cuento la siguiente historia. Anthony debía de tener unos tres años cuando mi esposa se quedó embarazada. Sabíamos que era esencial prepararle para la llegada del bebé puesto que queríamos evitar los indeseables efectos de la rivalidad entre hermanos. Por ello, leímos juntos el cuento de *Mamá osa espera otro osito* una docena de veces. Hicimos todo lo imaginable para implicarle en el nuevo nacimiento. Así, cuando mi esposa estuvo ya en un estado de gestación más avanzado, Anthony empezó a llevar una muñeca metida debajo de su camiseta.

El anunciado día llegó y Anthony se mostró realmente fascinado con el nacimiento de Leah; estaba emocionadísimo. Casi todo el mundo que le llevó un regalo a Leah, también le llevó uno a él; parecía Navidad, pero en mayo. Anthony adoraba a su hermanita, a pesar de percatarse de que no tenía dientes. Todo iba tal y como habíamos planeado.

Sin embargo, cuando Leah llevaba seis días en casa, pasó algo inesperado. Anthony salió de la bañera de un salto; su piel rosada desprendía un aroma a jabón y polvos talco de bebé. Acto seguido, me preguntó si podía comerse una manzana y le respondí que por supuesto. Unos minutos después volvió a aparecer. Puso una mano tras el respaldo de mi silla mientras aguantaba la manzana con la otra mano.

«Papá, creo que tengo un problema.»

«¿Qué pasa?» le pregunté.

«Bueno, cuando fui a coger la manzana, sin querer hice pipí en la nevera.»

«Pues, sí, hijo», dije. «Creo que tienes un pequeño problema.»

Lo que deseamos

Mis hijos crean numerosas situaciones desafiantes para mí. A veces me divierten, pero la mayoría de las veces me siento frustrado y desalentado. A menudo, me siento avergonzado y culpable. De alguna forma, nuestros hijos miden nuestro propio éxito; nos juzgamos por su éxito y sus logros; nos comparamos con otros padres y comparamos a nuestros hijos con otros niños. ¿Ha observado alguna vez a la gente cuando compra manzanas? Dan vueltas y más vueltas a la manzana, buscando diminutas manchas, la acercan a la luz y examinan su reflejo; la aprietan para comprobar que esté dura mientras observan al resto de los competidores en busca de la manzana perfecta.

Los padres quieren manzanas perfectas. Queremos que nuestros hijos tengan éxito, que sean felices y que se adapten bien. Queremos que se sientan a gusto con ellos mismos; queremos que nuestros hijos sean cariñosos y respetuosos con los demás, que manifiesten buena conducta y que estén motivados, queremos que sean independientes (que no sigan viviendo con nosotros cuando tengan treinta años). Todos los padres comparten los mismos objetivos y aspiraciones.

Lo que tenemos

La mayoría de los padres se enfrentan a los mismos problemas de conducta. Nos molesta tener que repetir todo tres veces. Pasamos demasiado tiempo discutiendo y el resultado es que acabamos agotados de tanta regañina, de tanta queja, de la conducta manipuladora y de las peleas. Acabamos agotados de tanto gritar y amenazar. A veces parece que todo cuanto hacemos es castigar; nos sentimos culpables por enfadarnos, pero parece ser la única forma de conseguir los resultados que deseamos. Nos culpamos a nosotros mismos y nos sentimos inútiles por no saber qué hacer. Hay veces que incluso llegamos a sentir cierta hostilidad hacia nuestros propios hijos porque su mala conducta hace que nos sintamos tristes e incapacitados.

Criar a hijos bien educados no es, ni mucho menos, una tarea fácil. Muchos padres no saben cómo actuar y la razón no es que estén incapacitados o que no quieran a sus hijos. Tampoco se trata de que no les deseen lo mejor. Simplemente, son padres inconstantes e incoherentes con sus decisiones: dan avisos, pero no los llevan a su fin; dicen cosas que no quieren decir; castigan alterados en un momento de enojo; les falta paciencia. Todas estas características son típicas de padres que se centran en lo negativo en vez de lo positivo. Critican demasiado. Los padres que tienen problemas de disciplina no suelen planear las cosas, puesto que ni siquiera se dan cuenta de que son parte del problema, pero es indudable que tienen mucho que ver en la conducta de sus hijos debido a sus *modelos de reacción*.

Los padres suelen reaccionar de una de estas dos formas. A veces, reaccionan de forma pasiva dejando que la conducta de su hijo sea pésima porque no les apetece enfrentarse al problema, al menos no en ese momento. (Más adelante aprenderemos que ignorar la mala conducta no hace más que empeorarla). Otras veces, los padres reaccionan enfadados. También aprenderemos que el enfado también empeora la conducta.

La forma que usted tiene de reaccionar ante sus hijos afecta su conducta en el futuro. Un pequeño porcentaje de mala conducta es normal. Según mis cálculos, los niños suelen mostrar mala conducta durante un 5% del tiempo total (¡Aunque algunos días parece que sea el 50%!). Por eso, es de suma importancia saber cómo reaccionar ante este 5%. Reaccionar de forma correcta y coherente puede reducir la mala conducta de un 5% a menos de un 2%. Por el contrario, reaccionar de forma incorrecta puede aumentar la mala conducta hasta un 10% o incluso más.

Saber reaccionar es esencial. Pero saber cómo prevenir los problemas de disciplina es incluso más importante. Puede salir de muchos apuros si establece algunas normas de antemano. Los padres que saben controlar las situaciones creen en la prevención y en la planificación. Son más proactivos que reactivos. Usted aprenderá diversas estrategias que le ayudarán a ser más proactivo.

Lo que necesitamos

¿Cuáles son los factores que contribuyen a ser padres que saben guiar a sus hijos? Estos padres y sus hijos son compañeros de disciplina. Saben que la disciplina es un proceso de enseñanza y no sólo significa castigo. Por ello, estos padres entienden que su conducta y sus emociones afectan también la conducta y las emociones de sus hijos. Los padres que saben guiar la conducta de sus hijos son un modelo de responsabilidad. Centran su atención y energía en los aspectos positivos de la conducta. Subrayan la cooperación en vez del control; enseñan a pensar por ellos mismos, a autocontrolarse y consiguen así que su autoestima aumente. Saben que una autoestima sana es el ingrediente principal para que los niños tengan confianza en sí mismos y posean, además, gran capacidad de adaptación.

Al enseñar una buena conducta a sus hijos, los padres, al mismo tiempo, aprenden de sus hijos. Desarrollan modelos de reacción que encauzan la mala conducta. Asimismo, son coherentes y constantes. Dicen lo que creen y creen lo que dicen; llevan sus afirmaciones hasta las últimas consecuencias y saben permanecer calmados cuando sus hijos les tocan un punto débil. También utilizan castigos con los que enseñan y saben relacionar ciertas actividades especiales con la buena conducta.

Estos padres, por otro lado, saben anticiparse a la mayoría de problemas: tienen un plan de acción. Han planeado estrategias de antemano para controlar berrinches, desobediencia, rabietas, peleas y luchas de poder. Tienen planes que enseñan el valor de las tareas bien finalizadas, la flexibilidad en cuanto a la paga semanal y la importancia de los deberes escolares.

Aun así, estos padres no permiten que la mala conducta les impida disfrutar de sus hijos. Son estrictos, pero positivos. Están totalmente convencidos de la importancia de una conducta adecuada, pero también poseen sentido del humor cuando es necesario. Saben cómo apreciar a sus hijos, incluso cuando presentan una mala conducta. Quizás lo más importante sea que estos padres se muestran abiertos a los cambios.

Cómo le puede ayudar este libro

Este libro le hará la vida tranquila y le enseñará cómo hacer para que sus hijos escuchen y le hagan caso enseguida. También le enseñará a ser más constante y consecuente. Le enseñará a hacer que sus hijos se comporten sin que se tenga que enfadar. Le explicará cómo utilizar incentivos sin tener que recurrir a chantajes, cómo usar castigos que impartan alguna enseñanza. Asimismo, el libro le explicará cómo castigar a sus hijos sin sentirse castigado usted también; le enseñará a corregir a sus hijos sin que eso desemboque en riñas y luchas de poder; le ayudará a manejar situaciones molestas y berrinches e, incluso, le dirá qué hacer cuando uno de sus hijos afirme que «ha hecho pipí» en la nevera.

Si sus hijos ya manifiestan buena conducta, usted podrá ejercer mayor influencia sobre ellos. Este libro también le ayudará a ser una persona más consciente de las buenas estrategias que ya está poniendo en práctica sin saberlo. Además, le enseñará a mantener la buena conducta de sus hijos y a prepararse para problemas que puedan surgir en un futuro.

Una de las mejores fuentes de ayuda para padres son los otros padres. De ello, me di cuenta después de observar a los padres que habían atendido a mis cursos. Es sorprendente ver cómo unos se devanan los sesos para encontrar técnicas que puedan ayudar a los otros. Lo importante es encontrar ideas para acabar con los berrinches o para que su hijo haga los deberes o para que las gemelas dejen de pelearse.

Este libro es una recopilación de ideas que he aprendido de ellos: De padres que estaban cansados y confundidos, padres agotados de gritar. Padres que se sentían aprisionados por sus hijos, padres con una vida monótona, que notaban que algo faltaba en sus vidas y que, a veces, les parecía que lo mejor era tirar la toalla. Padres que han descubierto una forma mejor de ser padres.

Todos los ejemplos de este libro son historias verídicas, de padres reales y problemas reales. Las ideas que contiene son simples y prácticas. Todo está explicado con un lenguaje sencillo y coloquial.

Existen numerosas teorías sobre los padres y la conducta de los hijos. La mayoría de los autores aceptan una teoría y le intentan convencer de que estas ideas funcionan con cualquier padre y cualquier hijo. Después de estudiar esta visión, creí que resultaba insuficiente. Puesto que cada padre y cada hijo son únicos, ¿por qué no emplear también diferentes métodos?, ¿por qué no emplear el mejor método de cada teoría? Este libro presenta cientos de ideas, pero esto no significa que todas funcionen a la vez, sino que usted deberá seleccionar las ideas que le parezcan apropiadas en su caso.

Cómo aprendemos a comportarnos como padres

La mayor parte de nuestra conducta como padres proviene, a la vez, de nuestros padres. ¿No le ha pasado a veces que le dice algo a sus hijos y entonces se da cuenta que usted había oído las mismas palabras cuando era niño? «Ten cuidado o te darás en la nuca.» «Estate calladito y come.» Nos comportamos con nuestros hijos como nuestros padres se comportaban con nosotros. Impartimos disciplina de la misma forma que nos la impartían. Muchas ideas que aprendimos de nuestros padres son útiles, pero hay muchas que deberíamos descartar; debemos escoger las útiles y aprender a seleccionar los métodos, emplear lo que nos gusta y desechar lo que no.

También aprendemos escuchando las buenas ideas de otros padres; aprendemos hablando con amigos, de sus experiencias, y ellos también aprenden de las nuestras. Compartimos técnicas que funcionan.

Asimismo, aprendemos de los intentos y errores. La mayoría de las técnicas que utilizamos con nuestros hijos se basan en la intuición y algunas funcionan, otras fallan. Esto nos ocurre a todos.

El primer hijo suele ser una prueba para la mayoría de los padres. Desde el momento que vuelve a casa del hospital, se empieza a utilizar la técnica de los intentos y los errores: recuerdo sentirme confundido e inútil. El bebé está llorando, ¿qué quiere decir? ¿tiene hambre? ¿está solo? ¿se ha hecho pis? ¿tiene demasiada calor? ¿tiene frío?... Los intentos y errores también se aplican a la disciplina: Si enviar a su hijo a la cama pronto funciona, probablemente volverá a emplear esta táctica.

Las ideas que ya posee sobre lo que significa ser padre y sobre la disciplina están bien. Aprender de los padres, de los amigos y de los intentos y errores es normal. Si además añade juicio y sentido común tendrá los componentes esenciales para construir unos fundamentos sólidos. Este libro trabajará sobre esos fundamentos.

El amor no siempre basta

Demasiados padres comparten la idea equivocada de que si quieren a sus hijos a más no poder, la mala conducta mejorará con el tiempo. El amor, el cariño y el afecto son básicos y fundamentales, pero también se necesita el conocimiento.

Imagínese que debe someterse a una operación y, en el momento de anestesiarle, el médico le susurra al oído: «Quiero que sepa que no soy cirujano. Tampoco soy médico, pero por favor no se preocupe. Mis padres son doctores y también tengo muchos amigos de la profesión. Les he hecho muchas preguntas sobre cirugía. ¡Relájese! Tengo mucho sentido común y quiero mucho a mis pacientes.» ¿Dejaría que una persona así utilizase el bisturí con usted?

Al igual que cualquier otro profesional, los padres necesitan una formación. Los hijos necesitan tanto padres bien formados como padres que les quieran. La formación le ayudará a agrupar todas las buenas ideas que usted ya tiene, pero además le aportará estructura y dirección, un punto de referencia además de la confianza que necesita. Usted aprenderá que su conducta es correcta, pero que cuanta más confianza más autocontrol, menos enfados, menos culpabilidad y, por lo tanto, menos frustración. Más confianza significa más respeto hacia sus hijos. Sin confianza, muchos padres temen corregir o castigar a sus hijos, otros se preocupan de que sus hijos no les quieran y otros muchos temen que puedan hacer daño a sus hijos emocionalmente. Por todo ello, dejan que manifiesten mala conducta.

Eso no ocurría cuando yo era niño

¿Por qué no funciona la disciplina del mismo modo que lo hacía hace 20 ó 30 años atrás? ¿Por qué no funcionan los antiguos métodos? ¿Por qué hoy en día es tan agotador y confuso ser padre? Ser padre es más difícil porque también es más difícil ser hijo. Los niños están bajo una gran presión; se les presiona para que tomen decisiones de adultos con la experiencia y las sensaciones de un niño: presión de los compañeros, presión del colegio, de los medios de comunicación. Una presión que muchas veces deriva de las presiones que sufren los padres. El resultado es que la presión de nuestros hijos se transforma en problemas para nosotros.

Han acontecido numerosos cambios en nuestra cultura que han tenido un impacto tremendo en la disciplina y en nuestro papel como padres. La economía ha creado tensión financiera en las familias. Los padres vuelven a casa estresados y tienen poco aguante. El alto índice de divorcios afecta a nuestros hijos... Hoy en día, hay colegios en los que cuatro de cada cinco niños han experimentado el divorcio de sus padres. Ser padre soltero es estresante.

Hace veinte años, todos los habitantes de un pueblo o un vecindario compartían los mismos valores y las mismas creencias. No importaba dónde se fuera a jugar porque las normas seguían siendo las mismas y todos los padres tenían las mismas expectativas. Hoy en día, las cosas ya no son así: Cada familia tiene sus propias normas y, por consiguiente nuestros hijos experimentan muchas versiones diferentes de lo que está bien o mal. Por eso, muchas veces se muestran confundidos.

¿Cómo afectan estos cambios de la sociedad a la forma en que usted imparte disciplina a sus hijos? ¿No podrían funcionar los antiguos métodos en la actualidad? Los antiguos métodos eran soluciones simples que funcionaban en una sociedad con problemas simples. Los conflictos de la actualidad son mucho más complejos y requieren soluciones más refinadas. Nuestros hijos viven en el futuro, no en el pasado. Tenemos que salir adelante enfrentándonos a las adversidades de nuestra época y si quiere educar bien a sus hijos, tendrá que saber cómo impartir disciplina a los niños de hoy. Los padres necesitan formación. No se trata de que sean incapaces, sino de que ser padre hoy en día no es una tarea simple.

Tres promesas que funcionan

Hay tres promesas que todo padre debería realizar para llegar a ser mejor padre.

Prometa tener valentía para ser más receptivo a nuevas ideas. Si los métodos que emplea funcionan, aférrese a ellos, pero si no es así debe tener la valentía para probar otros nuevos métodos.

Prometa tener paciencia, mucha paciencia. Si su hijo tiene 12 años, eso significa que ha tenido 12 años para desarrollar su modelo de conducta: déjele tiempo para cambiar. Aquí es donde la mayoría de los padres se equivocan. Quizá se deba a que ahora las prendas que llevamos a la tintorería están listas en una hora, las fotos se revelan en una hora, los cristales de las gafas están listos en una hora y en el taller hacen una puesta a punto del coche en media hora. Cenas preparadas en microondas, teléfonos en el coche y conducir por el carril rápido de la autopista han hecho que esperemos gratificaciones instantáneas. La tecnología nos ha hecho ser impacientes. Creemos que porque estamos poniendo en práctica una idea nueva, los cambios deben experimentarse de la noche a la mañana y está claro que un par de días no es suficiente para ver los resultados de una nueva idea. Algunos métodos tardan incluso semanas hasta que se experimenta alguna mejoría. Sea paciente.

Prometa practicar. Cualquier padre debe practicar. Incluso yo: A mis hijos les importa poco que yo sea psicólogo escolar y que dé clases a padres. Cuando estoy en casa, soy «papá». Me ponen a prueba tanto como a usted y, por eso, también tengo que practicar. Si está dispuesto a leer sobre nuevas ideas, pero no esta dispuesto a ponerlas en práctica, le recomiendo que le regale este libro a alguien y que se compre una varita mágica.

Resumen

Los niños aprenden la buena conducta, al igual que también aprenden la mala. La conducta no es algo que se manifieste por arte de magia ni tampoco se hereda; el hecho de que un niño que se comporta bien ni siquiera es el resultado de la suerte. Anímese, si los niños aprenden la conducta también pueden aprender a cambiarla. En cuanto a los padres, el comportamiento también se aprende. La destreza de un buen padre no aparece de repente y por instinto. Usted puede aprender a ser mejor padre.

Este libro trata sobre la conducta de los padres y le enseña a examinar su propio comportamiento, así como a determinar cuando usted forma parte del problema. Le prepara a tener confianza para superar los momentos en que sus hijos le digan que le odian; le enseña a permanecer calmado cuando sus hijos le tocan un punto débil. Este libro le ayuda a fomentar una autoestima sana en sus hijos; le explica cómo enseñar a sus hijos a pensar por ellos mismos y a soportar la presión de los compañeros. Con este libro usted disfrutará siendo padre.

Si usted sigue persiguiendo la meta de tener hijos que muestren buena conducta y que se adapten a la sociedad, necesita entender que su propia conducta está relacionada con la de sus hijos. Esto es lo que espero enseñarle con este libro. Espero enseñarle a comportarse para que sus hijos también se comporten.

Modificar su comportamiento: por dónde empezar.

A medida que lea las ideas que contiene este libro, usted seguramente pensará: «Sí, suena muy bien. Creo que eso funcionaría en mi caso». Tenga en cuenta que leer nuevas técnicas no es lo mismo que practicarlas. Practicar una idea significa modificar su conducta; cualquier cambio de conducta implica también un cambio de hábitos y esto no es fácil. Los viejos hábitos resultan cómodos, mientras que los nuevos no lo son.

Cuando vaya avanzando en la lectura del libro, irá aprendiendo conductas adecuadas en los padres. Leerá sobre estrategias y técnicas que necesita emplear con más asiduidad. Aprenderá ciertas conductas presentes en muchos padres que resultan contraproducentes y que, por esa razón, debería ponerlas en práctica al mínimo. También se dará cuenta de que muchas de sus costumbres actuales son apropiadas y, por lo tanto, no necesita modificarlas. A medida que vaya leyendo, haga una lista de las conductas que debe practicar más y de las que debe practicar menos, así como de conductas que ya resultan apropiadas y que deberá continuar poniendo en práctica.

Puesto que se necesita alrededor de un mes para desarrollar nuevas pautas de comportamiento, revise su lista una o dos veces a la semana durante las siguientes cuatro semanas. Esta revisión le ayudará a asentar las nuevas costumbres mucho más rápido.

Conducta que necesito poner en práctica más a menudo:

_____

_____

_____

_____

Conducta que necesito poner menos en práctica:

_____

_____

_____

_____

Conducta que es apropiada y que debo continuar poniendo en práctica:

_____

_____

_____

_____

2

Redefinir la disciplina

«¿Cómo puede inculcar el sentido de la disciplina a sus hijos?»
«Yo grito muchísimo.»
«¿Y funciona?»
«Normalmente no, pero se suelen calmar unos minutos.»
«¿Y qué ocurre después?»
«Vuelven a pelearse.»
«¿Y entonces qué hace usted?»
«Me altero mucho y les suelo dar un azote en el culo.»
«¿Y eso hace que se calmen?»
«Sólo durante un rato.»

Ante la pregunta de cómo enseñar normas de conducta a sus hijos, muchos padres responden que los castigan. Gritan, se enfadan, les dan una azotaina, les niegan sus derechos y los envían a sus habitaciones. Sin embargo, es importante distinguir disciplina de castigo. Si se emplea correctamente, el castigo es sólo una pequeña porción del proceso de disciplina.

La disciplina abarca todo cuanto hacemos como padres para enseñar a nuestros hijos a tomar mejores decisiones. Disciplina significa enseñar a nuestros hijos a hacer mejores elecciones sobre su comportamiento; disciplina es enseñar a los hijos a ser responsables, enseñarles a pensar por ellos mismos, enseñarles que tienen poder de decisión sobre su comportamiento. Estas definiciones son completamente diferentes de la idea de que disciplina equivale a castigo. *Disciplina significa enseñar a tomar decisiones.*

Subrayar la colaboración en vez del control

Muchos padres están confundidos respecto al objetivo de la disciplina. Creen que el propósito de ésta es controlar el comportamiento del niño, es decir, que se comporte bien a toda costa. Esta meta es irracional e inalcanzable. La meta de la disciplina no es el control, sino la colaboración, lo que quiere decir que sus hijos escogen comportarse de una determinada forma porque les parece que tiene sentido hacerlo y se sienten bien comportándose así. Esta es la meta de la disciplina. Desgraciadamente, muchos padres siguen dedicando cada día horas y horas persiguiendo a sus hijos por toda la casa para que cambien de comportamiento.

La disciplina no debería entenderse como una fuerza coercitiva que acarrea sentimientos negativos para todos. La idea de impartir disciplina a sus hijos, no debería provocarle retortijones en el estómago, como le sucedía a un padre que llegué a conocer que se enfadaba tanto con sus hijos que tuvo que acabar tomando tranquilizantes.

Imagine que su hija ensucia la cocina. La antigua visión de la disciplina le haría pensar: «¿Qué castigo debo imponerle para que no lo vuelva a hacer?» Seguramente se enfadaría, gritaría y la reñiría. Incluso podría propinarle un azote o enviarla directamente a su habitación. Seguramente tanto usted como su hija acabarían bastante irritados.

La disciplina debería aportar a sus hijos experiencias enriquecedoras. Usted debería preguntarse: «¿Qué puedo hacer para que aprenda de esta situación, para que no lo vuelva a hacer?» Debería hacer que su hija recogiese la cocina ella misma. «Elena, veo que ya eres suficientemente mayor para prepararte tu propia comida, pero no me gusta que dejes la cocina sucia. Sé que lo puedes hacer todo bien. Anda, limpia lo que has ensuciado y llámame si necesitas ayuda.»

Existe una diferencia considerable entre estas dos estrategias. En el primer caso, el padre intenta controlar el comportamiento de su hija. Sin embargo, en el segundo —la nueva visión de disciplina— estimula a la niña a controlar su comportamiento. Esta estrategia tiene más sentido: La búsqueda del control rara vez resulta mejor que la búsqueda de la colaboración. Una vez esté convencido de que disciplina significa enseñar a tomar decisiones, usted y sus hijos tendrán una actitud más positiva y cooperativa sobre el término disciplina.

Entonces, ¿existen situaciones en las que usted debe controlar a sus hijos? Sí, sobre todo a los más pequeños. Por ejemplo, su hija, que cuenta con dos años de edad, quiere jugar con el enchufe de la pared. Deberá controlarla apartándola de esa situación; usted debe decidir por ella. Del mismo modo, si tiene un hijo que se niega a ir a algún sitio con usted, es aceptable que lo agarre de la mano y le lleve consigo. Si su hijo adolescente conduce temerariamente, deberá retirarle las llaves del coche hasta que demuestre un comportamiento más seguro.

La necesidad de colaborar es más evidente cuando los hijos se van haciendo mayores. En esas circunstancias, usted tiene menos control sobre su conducta y debe asentar las bases de su relación en la colaboración y la confianza. Una vez trabajé con un padre que insistía en que su hijo de catorce años no saliese de casa después de cenar. La oposición y resistencia entre padre e hijo llegó casi a convertirse en enemistad. El padre instaló una alarma antirrobo para evitar que el chico se escapase por la ventana de su habitación. La instalación de la alarma fue, sin duda, el último intento desesperado de control del padre. Sin embargo, el hijo lo tomó como un reto y en cuatro días se las ingenió para desactivar la alarma.

Los intentos de controlar a los adolescentes resultan vanos. Debe esperar que sus hijos adolescentes compartan sus ideas de lo que está bien o mal. Debe contar con ellos para que tomen sus propias decisiones. Los adolescentes necesitan pensar por ellos mismos para que, de esta forma, cuando se enfrenten a elecciones difíciles sepan preguntarse: «¿Es esto beneficioso para mí?» Mírelo de esta forma. Si su hija adolescente decide empezar a tener relaciones sexuales, ¿cree que le pedirá permiso? Si su hijo adolescente decide probar hachís, ¿le preguntará primero? No suele ser lo más común.

Cómo hacer que sus hijos tomen sus propias decisiones

Muchos padres toman demasiadas decisiones por sus hijos. Quieren protegerlos y evitar que tomen una decisión equivocada y salvaguardarlos de consecuencias dolorosas. Esta reacción es comprensible, pero priva a su hijo de muchas oportunidades de aprender. Su hijo podría entender que es incapaz de tomar sus propias decisiones. Usted debería utilizar su juicio y precauciones, sin ser extremadamente protector, considerando las elecciones de su hijo, las normas y las actividades de tres formas diferentes. Algunas cosas son necesarias: pasar de curso, ayudar en la casa... Algunas cosas pueden ser negociables: la hora de llegar a casa, los programas de televisión, el maquillaje, los aperitivos y chocolatinas que toman... También debe otorgarles plena autoridad en algunas cosas: deporte, música, actividades escolares... A medida que los niños se vuelven más razonables y se muestran más responsables, debe otorgarles gradualmente más autoridad en sus vidas porque, si espera más responsabilidad de sus hijos cuando son mayores, también debe concederles más privilegios. «Ahora tienes tres años más y, por lo tanto, también espero más de ti.» A mayores expectativas, mayores incentivos. Dejen que sus hijos mayores se vayan a la cama más tarde, déjenles más libertad, que realicen más actividades. Todo esto les alienta a comportarse responsablemente y a tomar buenas decisiones, les da confianza y pueden observar que sus padres son personas justas y, por eso mismo, confiarán en ustedes. (Encontrará información más específica sobre el tema en el capítulo 25.)

Resumen

Disciplina significa enseñar a sus hijos a tomar decisiones. El objetivo de la disciplina es enseñar a los hijos a colaborar. Empiece resaltando la importancia de la colaboración y de la toma responsable de decisiones desde una edad temprana. Tenga fe en la buena voluntad de su hijo para colaborar.

Los niños, o bien tienen el control de la situación, o bien están bajo control. La disciplina significa, por lo tanto, enseñar a los niños a controlarse por sí mismos. Si desea que sus hijos tomen decisiones responsables, debe enseñarles a autocontrolarse. Si se les controla no aprenden a desarrollar hábitos y métodos de autocontrol, lo que produce finalmente que estén fuera de control.

Parte II

Cómo los niños aprenden su comportamiento

3

Los niños copian modelos

Los niños aprenden a base de copiar. El potencial de un niño para observar e imitar es muy alto. Los niños aprenden a hablar a base de copiar modelos. Aprenden una lengua simplemente escuchando, observando e imitando. Los niños aprenden actitudes, valores, preferencias personales e incluso costumbres gracias a esta capacidad.

Puesto que los niños copian la conducta de la gente que les rodea, usted tiene una gran influencia sobre el aprendizaje de sus hijos. Piense detenidamente sobre su comportamiento y sepa que lo que diga y haga enfrente de sus hijos influenciará su forma de pensar y comportarse: Usted es su modelo.

Anthony contaba con cuatro años de edad. Un día le llevé de compras de Navidad. El aparcamiento estaba a rebosar. Estuve conduciendo durante un rato buscando una plaza para aparcar y tengo que reconocer que no tengo mucha paciencia en esas situaciones. Al final vi que un coche se marchaba. Conduje hasta allí y puse el intermitente, para indicar que quería aparcar. Cuando el coche daba marcha atrás, otro coche se metió en la plaza antes que yo. Me enfadé mucho. Bajé la ventanilla y le grité algo obsceno al conductor y, después de intercambiarnos algunas miradas de enfado continué buscando otra plaza para aparcar.

Veinte minutos más tarde, Anthony y yo paseábamos por el centro comercial y yo ya estaba mucho más calmado. Estábamos comentando qué regalos podíamos comprar cuando, de repente, me miró y me preguntó: «Por cierto, papá, que significa gi...po...as?»

En ese momento me hubiese gustado que me tragase la tierra. ¡Menuda observación! Está claro que me escuchó diciendo palabrotas y recordaba exactamente lo que dije. Me dio muchísima vergüenza. Le expliqué que no era una palabra muy bonita y que no estaba bien decirla. Admití que en esa situación estaba enfadado y frustrado porque no encontraba aparcamiento y añadí que esperaba que no utilizase esa palabra de la misma forma que yo lo había hecho. Fue un momento en que tuve que decir la verdad.

Usted puede ser un buen ejemplo para sus hijos el 95% del tiempo, pero parece mentira cómo se las ingenian para pescarle cuando la pifia. Cuando los niños pescan a los padres comportándose mal, muchos padres salen a la defensiva. «No importa lo que esa palabra signifique. Que no te la oiga decir yo». Esta respuesta es la equivocada porque impide la comunicación, ya que le dice a su hijo que usted puede decir palabrotas pero él no. Lo primero que hará el niño al llegar al colegio al día siguiente será preguntarle a sus compañeros el significado de la palabra.

Cómo ser un buen modelo

No se ponga a la defensiva cuando su hijo se de cuenta de que usted no se ha comportado de forma correcta. Aprovéchese de las circunstancias: Haga que esa incómoda situación se convierta en una gran oportunidad de aprender. Cuando mi hijo me pilló utilizando una palabrota, le expliqué que me había equivocado y había cometido un error. Estaba enfadado y me responsabilicé de mi enfado, no culpé a la otra persona que me quitó la plaza de aparcamiento, sino que supe admitir mi error y me disculpé. ¿Qué es lo que estoy enseñando? Que los padres también cometen errores. Pero cuando los cometen, los admiten, así que se responsabilizan de ellos y se disculpan. Estas son unas cualidades incalculables para ser un modelo a copiar para sus hijos.

Los niños aprenden de todo lo que usted hace. Si miente sobre la edad de su hijo de doce años para no tener que pagar una entrada de adulto, le está enseñando al niño que mentir está bien. Si hablando por teléfono le dice a alguien que su marido no está en casa cuando en realidad sí que está, le está enseñando a sus hijos que mentir está bien. Si come comida basura, le enseña a sus hijos a comer comida basura. Si se pasa el día viendo la televisión, le enseña a sus hijos a ver la televisión todo el día. Si discute, grita o insulta a la gente, le está enseñando ese tipo de conductas a sus hijos. Si se enfada con sus hijos, es de esperar que éstos se enfaden con otros niños. Si le grita algo obsceno a alguien que le ha quitado la plaza de aparcamiento, le está enseñando a su hijo a utilizar lenguaje obsceno.

Cuando habla con voz calmada en vez de alterada, le enseña a su hijo a permanecer calmado cuando le provocan. Cuando se disculpa por utilizar palabrotas les está enseñando a su hijo a responsabilizarse de sus fallos. Cuando se responsabiliza de su propio enfado, le está enseñando a responsabilizarse de los suyos. Cuando utiliza lenguaje educado, enseña a sus hijos a ser educados. Cuando comparte, está enseñando a su hijo a compartir. Cuando es amable con los demás, le está enseñando la amabilidad. Cuando se esfuerza al máximo, está enseñando a sus hijos a esforzarse al máximo. Cuando lee un libro, está enseñando a sus hijos buenas actitudes sobre la lectura. Cuando lleva una dieta sana y practica deporte, está enseñando a su hijo a llevar una dieta sana y a hacer ejercicio. Cuando se comporta de manera responsable, está enseñando a sus hijos a comportarse de igual forma.

Un ejemplo horrible de los efectos de la copia de modelos es la epidemia de abuso de menores. A menudo los padres que abusan de menores fueron abusados cuando eran niños. Cuando un padre violento y agresivo pega a un niño, el niño aprende que esta es la forma en la que los padres tratan a los hijos. Cuando ese niño se convierte en adulto, normalmente trata a sus hijos de la misma forma.

Si le preocupa la conducta de su hijo, examine de cerca su propia conducta. Los niños aprenden de lo que viven: Cuando viven con padres responsables, aprenden a ser niños responsables, y crecerán convirtiéndose en padres responsables con sus hijos. Usted tiene la obligación de ser el mejor modelo posible. Siempre. Sus hijos harán lo que usted hace.

Los niños aprenden de su entorno

La segunda manera de aprendizaje para los niños es experimentar con cosas de su entorno. Lo que rodea a su hijo le incluye a usted, a otros miembros de la familia, a gente del vecindario, a sus compañeros de juego y de clase, a los profesores, el comedor, el patio, la televisión, las películas, los libros, las revistas, la música, etc. Estos son los ingredientes que constituyen el entorno de su hijo, el mundo que le rodea. Aprender de la experiencia es diferente a aprender copiando modelos. Si un niño toca comida caliente, aprende que la comida caliente hace que le duelan los dedos. El niño aprende sobre la comida caliente mediante la experiencia y no mediante la imitación.

Los niños se comportan de cierta forma para adaptarse a su entorno. Si el entorno recompensa a quienes juegan con muñecas, los niños jugarán a muñecas. Si el entorno recompensa a quien juega al fútbol, jugaran a fútbol. Si, por el contrario, recompensa a quien forma parte de una pandilla, acabarán uniéndose a una pandilla.

El entorno modela el aprendizaje de su hijo y su conducta. Los padres que valoran la educación tienen hijos que sacan buenas notas; las familias que fomentan el trabajo en grupo tienen hijos trabajadores y colaboradores, y en los vecindarios en los que se respira tranquilidad hay niños que juegan juntos en armonía.

Resumen

Sus hijos copian todo lo que usted dice y hace. Aprenden de usted la mayoría de sus pautas de conducta. Sea, entonces, un buen ejemplo. Pero por otro lado, sus hijos aprenden también de su entorno. Aporte experiencias que le enseñen sus valores y que fomenten la autodisciplina y la responsabilidad.

El resto de capítulos de este libro le enseñarán a ser un buen modelo y a crear un entorno de aprendizaje positivo para sus hijos.

4

Usted y su hijo:
un aprendizaje mutuo

Cada vez que Miguel, un niño de cuatro años de edad, va al supermercado con su madre, Carmen, le pide una piruleta y ella le responde: «No». Unos minutos más tarde, Miguel le sigue pidiendo insisten-
temente la piruleta. Carmen le vuelve a responder «No hay piruleta».
Cuando caminan por el tercer pasillo, Miguel empieza a patalear. Sus
súplicas se convierten en órdenes; pero Carmen mantiene la negativa.
Miguel empieza a acalorarse, pataleando, sacudiendo los brazos y za-
randeando el carro de la compra. Carmen le amenaza con darle un
azote si no se calma. Se suceden lágrimas y gritos, patadas y rabietas.
Todo el mundo les mira; Carmen no puede soportar más la bochorno-
sa situación. Así que, cede y le compra la piruleta.

Carmen le ha enseñado a Miguel tres cosas. Primero que la palabra
«No» no tiene ningún significado. Sus respuestas a las súplicas fueron:
No, No, No, No, Sí. Por consiguiente, cuando Carmen dice «No» en
realidad no quiere decir «No», sino que quiere decir pídemelo otra vez
y otra más y cada vez de forma más imperativa. Cuando tu conducta
se haga insoportable, cambiaré el «No» por un «Sí». ¡Es como hacer
magia! ¡El «No» se convierte en «Sí»! Carmen le ha enseñado a ser
persistente, pero de forma negativa.

Además, Carmen también le ha enseñado a tener rabietas. Por supuesto no ha sido su intención, pero esa ha sido la consecuencia. Le
ha enseñado a Miguel que gritar y sofocarse dan buenos resultados: Si
chillas y pataleas lo suficiente puedes conseguir una piruleta. Esta es la

recompensa de Miguel por haber tenido un berrinche. Consecuentemente, el berrinche se convierte en sinónimo de piruleta y, por lo tanto, también en sinónimo de salirse con la suya.

Carmen le ha enseñado, además, que no es firme en sus decisiones, sino que sólo hace amenazas, las que no lleva a sus últimas consecuencias. Le dijo que se callase o le daría una azotaina, pero, ¿qué es lo que hizo en realidad? Le compró una piruleta. Seguramente, Miguel está pensando: «Bueno, esta semana he conseguido la piruleta en el pasillo número siete del supermercado, la semana pasada fue en el ocho. Sin duda cada vez lo hago mejor. Me encanta cuando mamá me grita 'cállate o te daré un azote'. Reconozco que la primera vez me asustó, pero eso fue hace dos años y todavía no me ha dado ningún azote. Quizás la semana que viene consiga la piruleta en el pasillo número cinco.»

Por otro lado, Miguel también le ha enseñado a Carmen un par de cosas; le ha enseñado cómo conseguir paz y tranquilidad y cómo dejar de sentirse avergonzada: Simplemente comprando la piruleta. Los otros métodos que Carmen empleó para que Miguel se callase resultaron en vano. Sólo pudo conseguirlo con la piruleta. Este mismo episodio había sucedido con anterioridad y, en él, se habían establecido unas pautas de conducta. Por eso, volverá a ocurrir. Ceder a las súplicas de Miguel es la única forma de conseguir que se calle y que esté tranquilo.

Hay muchos padres que viven esta situación a diario. Creen que ceder a las peticiones de sus hijos es la única manera de conseguir que dejen de patalear. *Se trata de un gran error.* Si premia el berrinche del niño una vez, le estará enseñando a provocar más berrinches en el futuro. Ceda ante los gritos de su hijo una vez, y tendrá que hacerlo innumerables veces más.

¿Qué puede hacer usted si ya se encuentra atrapado en este dilema? Ahora le mostraré un plan que puso paz en el campo de batalla del supermercado. Carmen dejó de llevar a Miguel los días que iba a pasar bastante tiempo comprando. Empezó a llevarle a pequeñas compras en las tiendas locales. Antes de salir de casa, Carmen le explicaba a Miguel cómo le gustaría que se comportase; también le explicaba a dónde iban a ir, qué iban a comprar y la lista de la compra en la que había apuntado tres o cuatro artículos. Al final de la lista, Carmen escribía un premio, por ejemplo, unas galletas. A veces le preguntaba a Miguel qué quería poner en la lista como premio y se la dejaba para que la sostuviese mientras compraban. De esta forma, Miguel tenía algo que hacer, algo que quedaba bajo su control y, a medida que iban comprando los artículos, el niño los tachaba uno a uno de la lista. Si lo había hecho bien, podía escoger las galletas que quisiese.

«Miguel, tu y yo vamos a ir de compras. Quiero que me escuches mientras estemos en las tiendas. No quiero que molestes. Si quieres me puedes ayudar sujetando la lista de la compra y tachando los artículos a medida que los ponemos en la cesta. Si haces lo que te digo y no molestas, después podrás elegir las galletas. Sé que lo harás todo bien.»

Le expliqué a Carmen que mientras iban de compras era esencial que no escatimase en halagos y ánimos. «Estás haciendo un gran trabajo encargándote de la lista.» «Hoy te estás portando muy bien y estás siendo muy paciente. Gracias, Miguel.» «De verdad aprecio tu colaboración.» Después de dos semanas de prácticas y de algunos pequeños contratiempos, se demostró que el plan funcionaba.

Cuando Carmen y Miguel se familiarizaron con las normas de la compra, llevaron su plan a la escena del supermercado. Carmen empezó comprando poco y llevando listas cortas. Esta estrategia facilitó la transición de las tiendas locales al supermercado y gradualmente, pudo ir ampliando la lista así como el tiempo de la compra. Miguel ya había aprendido a comportarse. También su madre.

Ahora expondremos un ejemplo de un niño que no escucha. Raúl es un niño de 12 años de edad, activo y curioso. La mayor parte del tiempo, la conducta de Raúl es totalmente aceptable. Sin embargo, una o dos veces al día, Raúl se altera y se comporta de forma muy activa y ruidosa. Su padre, Ricardo, siempre empieza pidiéndole, de manera muy calmada y educada, que se tranquilice y que juegue más calladito. Raúl siempre responde a esta petición inicial de la misma manera. Le ignora completamente. Al cabo de un rato, el padre alza la voz y le dice: «¡Baja la voz y cálmate o te irás a tu habitación!» Raúl le contesta «Está bien, papá.», pero en realidad no hace ningún esfuerzo por bajar la voz. Al final, Ricardo se enfada y le grita «Si no te callas ahora mismo, te tendré que zurrar.» Esta vez, Raúl se calla y no hay ningún problema durante horas y horas.

Examinemos lo que Ricardo y Raúl han aprendido mutuamente. Raúl podría pensar: «he aprendido que no tengo que hacer lo que papá me pide a la primera. Tampoco me tengo que esforzar mucho cuando alza la voz la primera vez. No tengo que hacer nada hasta que no empiece a mencionar la palabra zurrar. Entonces sé que va en serio.»

Ricardo podría estar pensando que Raúl es un niño que no escucha. Esto sólo es verdad a medias. El padre también forma parte del problema; y si Ricardo lo admitiese, su análisis de la situación se ampliaría: «Si algo he aprendido es que mis amenazas no funcionan. Aún así, los enfados y el zurrar dan buenos resultados. Las peticiones calmadas y educadas no sirven para nada. Tengo que hacer algo diferente. Tengo que modificar la manera en la que estoy tratando este problema. Tengo que averiguar cómo podría escucharme sin tener que enojarme y mencionar las zurras».

Ricardo ha alcanzado una fase muy importante. Se ha dado cuenta de que la forma en la que actúa ante la conducta de Raúl es en parte la razón por la que Raúl no le escucha. A muchos padres les cuesta admitirlo. Sin duda resulta más fácil justificar la mala conducta como una fase. Muchos padres temen enfrentarse a la idea de que han hecho algo mal, pero en la mayoría de las situaciones, tanto usted como sus hijos necesitan un cambio de conducta.

Aún hay otra lección que se puede extraer de este ejemplo. Siempre que se emplea un solo castigo para controlar la mala conducta, más tarde se vuelve a producir el ciclo de mala conducta. Ricardo amenazaba a Raúl unas cuantas veces; Raúl no le escuchaba; Ricardo se enfadaba y le zurraba; Raúl se callaba, pero ¡*Sólo durante un rato!* Tarde o temprano, Raúl empezará de nuevo, puede que tarde una hora, dos horas, quizás al día siguiente, pero la mala conducta volverá. ¿Por qué? Porque quizás esta vez se salga un poco más con la suya. Puede armar más jaleo; Ricardo le amenazará; Raúl no le escuchará; Ricardo se enfadará y el círculo continuará.

Ricardo necesita ser constante y coherente y para ello debe tomar una decisión la primera vez que le pide a Raúl que se calle y no le hace caso. Debe privarle de algún objeto predilecto como la cadena musical, o de alguno de los derechos que normalmente le conceden.

A continuación presentamos un ejemplo de colaboración. La Sra. Harmon y su hija Ana, de 11 años de edad, han hecho un pacto. Por cada 30 minutos que Ana estudie o lea un libro podrá ver 30 minutos de televisión. El pacto se ha hecho por escrito. La Sra. Harmon ha encontrado la manera perfecta para no discutir o enfadarse con Ana y la niña sabe perfectamente cuales son las obligaciones del pacto. ¿Qué han aprendido madre e hija de este pacto? Han aprendido a colaborar. La Sra. Harmon ha encontrado una fórmula para que Ana lea. Ana ha encontrado la fórmula para poder ver la televisión.

Este tipo de pacto recibe el nombre de *contrato*. Los niños aprenden qué es lo que usted espera de ellos y también aprenden qué pueden esperar ellos de usted. Los contratos por escrito son una buena forma para enseñar la responsabilidad, sobre todo cuando se trata de adolescentes. (Aprenderá más sobre los contratos en el capítulo 7).

¿Cuál es la buena estrategia?

Estos ejemplos demuestran que los padres y los hijos aprenden mutuamente. ¿Cómo se produce este aprendizaje? En todos los ejemplos que hemos presentado, los principios de aprendizaje son los mismos: El aprendizaje se produce mediante una estrategia que resulta; nos comportamos de una manera determinada para obtener algo. Examinemos las conductas y lo que se ha obtenido en cada caso.

Miguel provocaba rabietas con las que conseguía una piruleta y ganarle a su madre, es decir, poder y control. La conducta de Carmen era ceder y comprarle la piruleta. Lo que conseguía era unos minutos de paz y dejar de sentirse avergonzada. Ambos obtenían lo que querían. Si es así, ¿Qué estaba mal? El método es el equivocado ya que Miguel conseguía su propósito gritando en público y Carmen conseguía también lo que quería despojándose de su autoridad y control. Ahora Miguel sólo tiene cuatro años. Si a esta edad ya está pidiendo, cuando tenga catorce años su conducta será incorregible.

La conducta de Raúl consistía en ignorar las peticiones de Ricardo para conseguir, de esta forma, comportarse de modo irritante durante más tiempo. Al principio Ricardo sólo le amenazaba, pero no hacía nada. Cuando se enfadaba, Ricardo propinaba a Raúl un par de azotes. Con ello conseguía que se estuviese callado de una vez por todas. La zurra tenía un efecto inmediato; sin embargo, no resulta efectiva a largo plazo ya que Raúl no ha aprendido a estar callado. Si la conducta de Raúl es como la de la mayoría de los niños, entonces volverá a armar escándalo, su padre empezará de nuevo con las amenazas y el círculo no hará más que repetirse.

La conducta de Ana consistía en dedicar tiempo a hacer los deberes y a la lectura. Ha aprendido a colaborar y a autocontrolarse. Su recompensa es conseguir más tiempo para ver televisión. La conducta de la Sra. Harmon es dejar que Ana vea más la televisión puesto que ahora Ana sabe tomar buenas decisiones sobre sus deberes escolares. La Sra. Harmon ha aprendido a negociar y planear. Así, consigue que Ana estudie y lea más. En este ejemplo, madre e hija, además de conseguir lo que quieren, lo hacen mediante un método constructivo, en vez de destructivo.

Cómo corregir la mala conducta

Si su hijo presenta una mala conducta con frecuencia, esto significa que no ha aprendido métodos adecuados para conseguir lo que quiere. Piense sobre lo que su hijo obtiene cuando se comporta mal. Averigüe qué es lo que pretende conseguir y niégueselo. No caiga en la trampa de recompensar la mala conducta. Dele una alternativa adecuada mediante la cual pueda conseguir sus propósitos y si lo que busca es atención, enséñele a ganarse su atención sin manifestar una mala conducta. «Mateo, no me molestes más. Si lo que quieres es que te lea un cuento, deja de lloriquear. Por favor, siéntate un poco. Cuando te hayas calmado vienes y me pides que te lea el cuento de forma educada.» Enséñele que hay formas aceptables para conseguir lo que desea. Tiene que ser consciente de que el aprendizaje requiere tiempo, compromiso y planificación.

Carmen dejo de ceder a las peticiones de Miguel. Le enseñó a conseguir lo que quería manifestando una buena conducta. Si ayuda con la compra, está tranquilo y tiene paciencia, entonces su madre le hará un pequeño regalo. Ahora todos están contentos y, en vez del niño, la madre tiene la situación bajo control.

Ahora le toca a usted

Sergio tiene respuesta para todo. Da igual lo que Eva le pida que haga, él refunfuña. «Sergio, ¿Podrías llevar la basura fuera del garaje?» Sergio frunce el ceño y dice enfadado. «Ya lo haré después. ¿Por qué lo tengo que hacer ahora? ¿Es que no lo puede hacer otra persona para variar?» Eva no sabe qué hacer. Le intenta explicar porqué debería hacer lo que le ha pedido. Intenta permanecer tranquila, pero se acaba alterando y sintiéndose frustrada. Cuando esto sucede, la conducta de Sergio empeora aún más; se enfada y se muestra reacio, grita, berrea y patalea. Eva no sabe como controlar estos arrebatos. Después de pelearse y discutir durante unos minutos, Eva se da por vencida, decidiendo sacar la basura ella misma. Sergio hace pucheros un ratito y después vuelve a la normalidad. ¿Qué consigue Sergio con esta disputa? ¿Qué consigue Eva?

Escriba sus respuestas antes de continuar leyendo. Por ahora, piense simplemente en lo que ambos consiguen. Obtendrá las respuestas en el siguiente capítulo.

Resumen

Tomamos decisiones sobre nuestra conducta para obtener lo que queremos. A menudo lo que queremos es conseguir algo, salirnos con la nuestra; por eso, intentamos evitar conductas que puedan hacer que perdamos cosas o que nos hagan sentir incómodos.

Sergio se salía con la suya. Empezaba las discusiones para evitar tener que hacer lo que su madre le pedía. Eva también se salía con la suya, porque ponía final a la pelea consiguiendo paz y tranquilidad.

El poder entender este tira y afloja le permite modificar la forma de enseñar normas de conducta a sus hijos. Piense qué es lo que su hijo consigue cuando manifiesta una mala conducta. ¿Se sale con la suya? ¿Consigue que usted se enfade y se moleste? ¿Evita tener que hacer lo que usted le pide? Una vez que haya identificado qué es lo que su hijo consigue, habrá encontrado su nueva estrategia para impartir disciplina. Ahora sólo queda examinar lo que usted consigue. ¿Qué es lo que le lleva a reaccionar de esa forma? ¿Cede para evitar problemas? ¿Teme la reacción de su hijo si no cede?

Si quiere que cambie la conducta de su hijo, tiene que examinar su propia conducta, aunque esta experiencia no es nada fácil para mí y puede que tampoco lo sea para usted. Intente no sentirse amenazado o salir a la defensiva. El cambio de su conducta también afectará al cambio de conducta de sus hijos. La forma de comportarse ante sus hijos afecta la forma en que ellos se comportan ante usted y ante el resto de la gente.

Parte III

Cómo favorecer las actitudes y comportamientos positivos de sus hijos

5

Subrayar la buena conducta

Jorge decide dejar de ser amigo de Juan porque cree que se mete en demasiados líos. Los padres de Jorge aplauden su decisión. «Hay que ser muy valiente para hacer lo que tú has hecho. Eso demuestra que piensas por ti mismo. Hacerse mayor no es siempre fácil, pero parece que tú sabes salir adelante muy bien. Estamos muy orgullosos de ti y esperamos que tú también estés orgulloso».

Ángeles va corriendo al lado de su madre. «Mamá, mi habitación está ordenada. Ven y echa un vistazo». La madre examina la habitación. «Has hecho un buen trabajo, Ángeles. Tienes que estar orgullosa de ti misma. Tu habitación está muy limpia y ordenada».

Tanto los padres de Jorge como la madre de Ángeles están poniendo en práctica la *reacción positiva*. Saben apreciar las buenas decisiones de sus hijos y destacan lo que hacen bien para subrayar su buena conducta.

Una reacción positiva es la táctica más poderosa que los padres poseemos para fomentar la buena conducta y la autoestima de nuestros hijos; es una recompensa al buen comportamiento que implica recurrir a elogios o a incentivos para animar a sus hijos a tomar buenas decisiones. No se trata de algo nuevo, pero a menudo solemos olvidarnos de emplear esta efectiva táctica. Si desea que sus hijos manifiesten una conducta más positiva, es esencial que emplee la *reacción positiva*.

Cómo poner en práctica una reacción positiva

Puede utilizar la *reacción positiva* con dos propósitos: para fomentar la conducta deseada o para desalentar la conducta indeseada. Conseguir el primer objetivo mediante esta estrategia es fácil, puesto que sólo tiene que esperar a que ocurra el buen comportamiento y, cuando se produzca, reforzarla. Cuando sus hijos se porten bien, recompénseles con palabras de elogio, de ánimo, deles un abrazo o concédales algún privilegio.

A usted le gustaría que sus hijos supiesen compartir las cosas. Primero debe esperar a observar que están compartiendo algo para reforzar dicha actitud. Para ello, podría decirles: «Me gusta que compartáis las cosas», «Esta mañana me he dado cuenta de que has decidido compartir tus juguetes. Creo que es una buena decisión», «Estoy orgulloso de que compartas la televisión. Eso demuestra que te estás haciendo mayor. Me alegro mucho».

Resulta sencillo poner en práctica la *reacción positiva*, pero es más difícil acordarse de subrayar la buena conducta. A menudo sólo percibimos lo negativo, la mala conducta de nuestros hijos, pasando por alto la buena. Hay que ser positivo; resalte el buen comportamiento diciéndole a sus hijos que está orgulloso de ellos y que se lo agradece; céntrese pues en los aspectos positivos. Es un proceso que requiere práctica, pero vale la pena puesto que, al aumentar la reacción positiva, aunque no modifique su conducta como padre en otros aspectos, sus hijos empezaran a tomar mejores decisiones.

Sustitución

También puede emplear la reacción positiva para eliminar o desalentar ciertas conductas. Esta técnica funciona con pautas de mala conducta. Hay que tener en cuenta que no se trata de detectar la mala conducta que salta a la vista. Primero hay que detectar la mala conducta y después definir la conducta opuesta: Carlos, un niño de seis años, se pelea con su hermana de cuatro años, Marina. Lo opuesto a esta mala conducta sucede cuando Carlos y Marina juegan tranquilamente juntos. En estas circunstancias, hay que alabar el comportamiento de Carlos cuando juega con su hermana. El jugar juntos *sustituirá* a las peleas, aprendiendo una forma más aceptable de jugar. «Muy bien, Carlos, estás ayudando a tu hermana a dibujar». De esta forma, las peleas ocurrirán con menor frecuencia. Esta estrategia es simple, pero efectiva. Emplee la reacción positiva para reforzar la conducta opuesta y, así, la mala conducta inicial irá desapareciendo.

Personalmente he estado convencido del poder de la reacción positiva durante la mayor parte de mi vida profesional. En los últimos veinte años, he trabajado en numerosos programas escolares dirigidos a niños que manifestaban problemas de conducta en los que asistían normalmente niños que, debido a su rebeldía, no se adaptaban a los programas escolares convencionales. Muchos padecían serios trastornos emocionales, algunos eran delincuentes y la mayoría eran indisciplinados. A pesar de la gravedad de los problemas, casi todos experimentaron mejorías en la primera semana. La gente que conocía el pasado de estos niños se mostraba muy sorprendida. ¿Cómo era posible que estos niños modificasen su conducta tan rápido? El profesorado de la escuela había olvidado la *reacción positiva* desde hace tanto tiempo que los niños hubiesen necesitado un telescopio para poder encontrarla. El profesorado dejó de subrayar la mala conducta de estos niños, centrándose en lo más positivo.

Muchos padres reconocen las ventajas de utilizar una reacción positiva. Es de sentido común. Aún así, muchos se resisten a emplear la técnica de las recompensas o incentivos. Siempre que muestran esta preocupación, les explico cómo se motiva a los niños. Muchos se motivan para manifestar una conducta buena y colaboradora, pero otros carecen de esta motivación. La reacción positiva hace que dicha motivación y autoestima aumenten y, al mismo tiempo, les alienta a motivarse por sí mismos.

Los adultos también necesitamos reacciones positivas. La nómina a fin de mes es un buen ejemplo. Seguramente la propia motivación no le mantendría realizando su trabajo si no le pagasen. Esta es la forma en que funciona nuestra sociedad. Cuanto antes lo aprendan los niños mejor. Los padres que se muestran reticentes a utilizar recompensas deben recordar que la meta es que sus hijos aprendan a tomar decisiones. No todos los niños cuentan con la motivación suficiente para conseguir dicha meta; utilizar la reacción positiva les ayudará a conseguir este propósito y, con el tiempo, se convertirá en automotivación.

En busca de la autorrecompensa

Ponga en práctica la táctica de la respuesta positiva para enseñar a su hijo a valorarse por sí mismo. «Has sabido escoger bien porque sabías que era lo correcto en esa situación». Está bien que los hijos se esfuercen para complacer a sus padres, pero es incluso mejor que se comporten y se esfuercen para obtener su propia satisfacción.

> «Me gusta lo que has hecho». (bien)
> «Bien hecho. Debes sentirte muy orgulloso de ti mismo». (mejor)

Los niños se creen todo lo que usted les dice

Los niños actúan de la forma que usted espera que actúen. Si le dice a su hijo que arma demasiado jaleo, lo tomará como una característica de su personalidad y siempre armará jaleo; si le dice que él sabe como jugar tranquilo, se lo creerá e intentará jugar en silencio; si le pone una camiseta con el eslogan «Aquí llega don líos», está animando a su hijo a pensar que siempre se mete en líos. Muchos padres de adolescentes desordenados les dicen:

> «No entiendo cómo puedes ser tan descuidado. Mira como está tu habitación. ¿Tienes algún problema? Mira como tienes la ropa del armario. ¿No te da vergüenza? ¿Cuándo fue la última vez que hiciste la cama? Nunca cambiarás».

¿Cuál es el mensaje que está transmitiendo el padre? Que su hijo es un descuidado y, por eso, la habitación está tan desordenada. Además le dice que siempre será descuidado y, por lo tanto, eso es lo que espera de él. Se da por vencido y abandona cualquier esperanza de mejoría. Ahora nos enfrentaremos al mismo adolescente y a la misma habitación desordenada, pero con un mensaje diferente:

> «¿Sabes, Javier? Este desbarajuste no es típico de ti. Eres una persona mucho más ordenada. Es más, sé que cuando te lo propones puedes llegar a ser muy

ordenado. Sé que en el futuro no dejarás que la habitación vuelva a estar tan descuidada. ¿A qué no lo volverás a hacer, Javier?»

Con este mensaje, el padre le está comunicando a su hijo que confía en él y que sabe que puede tener la habitación limpia si quiere. Con este mensaje, aunque su hijo no experimentará un cambio radical de la noche a la mañana, estará transmitiéndole un mensaje mucho más positivo para su hijo.

Cuando elogie el comportamiento del chico, intente ser específico. Dígale: «Tu habitación está ordenadísima. Has hecho un buen trabajo. Espero que estés orgulloso» en vez de solamente decirle «Has limpiado tu habitación. Veo que eres un buen chico». Este último mensaje tiene doble sentido. ¿Es que su hijo no es un buen chico cuando su habitación está desordenada? No escatime halagos y palabras de ánimo, pero pronúncielos de forma consciente y adecuada. Si halaga a su hijo cuando no se lo merece, puede crearse una confianza falsa en sí mismo. No le diga a su hijo que se ha esforzado mucho cuando usted sabe que no ha sido así.

Al alabar una conducta específica, le está indicando cuál ha sido la toma de decisión correcta. Está subrayando sus puntos fuertes y, por lo tanto, su hijo confiará más en sí mismo porque se sentirá capaz de hacer buenas elecciones.

Los niños necesitan apoyo, sobre todo si se trata de niños con baja autoestima o que adolecen de constancia y poder de decisión. El apoyo que usted le presta a su hijo sin duda ayuda a aumentar su motivación, puesto que le ayuda a salir adelante en situaciones difíciles, a enfrentarse a sus miedos y a soportar el estrés. Asimismo le está tendiendo una mano para que solucione los problemas satisfactoriamente. Como resultado, el apoyo de los padres le proporciona confianza y le ayuda a creer en sí mismo.

Dígale a su hijo que le quiere y le valora mucho. Acepte a su hijo por lo que es y no por sus acciones. Muéstrele que confía en él y en sus decisiones. Sepa reconocer su esfuerzo y mejoría.

Cómo poner en práctica la estrategia de apoyo

CÓMO MOSTRARLE QUE CONFÍA EN ÉL:

«Me ha gustado como has resuelto esa situación.»
«Conociéndote, estoy seguro de que lo harás bien.»
«Sé que lo puedes hacer.»
«Sé que tú puedes tomar la decisión apropiada, pero,
si necesitas mi ayuda, ya sabes donde encontrarme.»
«Me gustaría saber tu opinión sobre...»

CÓMO ENSEÑARLE LA IMPORTANCIA DE ESFORZARSE AL MÁXIMO:

«Si sigues haciéndolo así, lo conseguirás.»
«Esforzarse tiene su recompensa.»
«Hay tareas que requieren esforzarse al máximo, pero
siempre vale la pena.»

CÓMO SUBRAYAR SUS PUNTOS FUERTES Y SUS MEJORÍAS:

«Parece que te has esforzado mucho al...»
«Menudo progreso has hecho con...»
«Has mejorado muchísimo en...»

CÓMO ENSEÑAR A SU HIJO A APRENDER DE LOS ERRORES:

«Vale, has cometido un error. ¿Qué puedes aprender de él?»
«Si no estás satisfecho, ¿qué puedes hacer?»

CÓMO AUMENTAR SU SENTIDO DE LA RESPONSABILIDAD:

«Eso depende de ti.»
«Si eso es lo que quieres.»
«Eso lo puedes decidir por ti mismo.»
«Estaré de acuerdo con lo que decidas.»

Ahora le toca a usted

Rosa casi siempre hace los deberes en el último momento. Hoy, cuando ha vuelto del colegio, ha anunciado: «Tengo muchos deberes que hacer. Voy a empezar a hacerlos antes de cenar». ¿Cómo podría alabar su madre esta decisión?

¿Recuerdan la historia de Sergio y Eva? Sergio está siempre replicándole a su madre, Eva normalmente insiste en que haga lo que le ha pedido, pero al final se da por vencida. Sergio siempre gana. ¿Cómo podría utilizar Eva la estrategia de la reacción positiva para intentar neutralizar las discusiones constantes que provoca Sergio?

Resumen

La reacción positiva anima a sus hijos a tomar buenas decisiones. Cuando Rosa empezó a hacer los deberes, tomó una decisión madura. Sería muy fácil pasar por alto lo que Rosa está haciendo: «Ya era hora de que empezase a hacerse un poco mayor». Esta posición sería un error; no haga que el esfuerzo que está realizando Rosa pase inadvertido. «Rosa, estoy muy contenta porque veo que ya has empezado a hacer los deberes. Seguro que te sentirás muy bien contigo misma cuando los hayas acabado. Además así, tendrás el resto de la tarde libre. Me parece que es una buena decisión».

Ponga en práctica la reacción positiva para reducir la mala conducta. Incluso los niños como Sergio a veces hacen lo que se les manda sin discutir. Eva necesita encontrar el modo de que colabore. «Sergio, gracias por ayudarme con la colada. Gracias por tu ayuda y gracias por no discutir esta vez». Desviando la atención a las situaciones en que Sergio no discute, Eva está subrayando la buena conducta. Así, alentará a Sergio a colaborar más en el futuro.

Los niños se creen todo lo que usted les dice y además, suelen actuar en función de sus expectativas. Si usted subraya las cualidades positivas, sin duda, reforzará estas cualidades en su hijo. Elogie pues, a su hijo y apóyele para enseñarle a valorarse por sí mismo.

Recuerdo que una vez vi una pancarta con una foto de un niño que parecía bastante triste. El eslogan decía: «Cuando me equivoco, nadie lo olvida. Cuando me porto bien, nadie lo ve». La respuesta positiva es fácil de poner en práctica, pero también suele ser fácil de olvidar. Así que, a partir de ahora, deberá acentuar las cualidades positivas de sus hijos y sus buenas decisiones, además de subrayar su buena conducta.

6

Nunca dé un helado
así como así

Los padres que saben como guiar a sus hijos relacionan ciertas actividades especiales con la buena conducta. Hace unos diez años pasé unos
días con algunos amigos del instituto que tienen tres hijos de distintas
edades. Una tarde, nos metimos todos en su furgoneta y fuimos a comprar un helado. Aquella misma noche, cuando los niños ya se habían
ido a dormir, empezamos a charlar sobre lo que significaba ser padres.
Alberto me preguntó si yo tenía alguna sugerencia, a lo que yo respondí: «Nunca les des un helado así como así».

Les expliqué que el hecho de ir a por un helado aquel día no había
tenido ninguna relación con la conducta de los niños. Los padres que
saben educar relacionan hechos especiales con la buena conducta. «Hoy
te has portado muy bien. A mamá y a mi nos gustaría dar un paseo
contigo y comprarte un helado». También puede ser más específico:
«Me he fijado que hoy has estado compartiendo muchas cosas. Eso es
algo que nos hace muy felices a mamá y a mí. Cuando nos sentimos
así, nos gusta hacer algo especial».

No estoy sugiriendo que atiborremos a nuestros hijos de dulces siempre que manifiestan una buena conducta. Normalmente aconsejo a
los padres que cambien los dulces por alguna actividad extraordinaria.
Hay muchas maneras de relacionar un buen día con actividades especiales como ir a cenar fuera, ir al cine o a dar una vuelta en coche el
domingo por la tarde. ¿Qué hay que hacer los días en que su conducta
ha sido mala? No se le ocurra comprarle un helado esos días.

No haga actividades especiales porque sí. Siempre me he dado cuenta de que los profesores que saben impartir disciplina de una forma adecuada utilizan esta idea de manera instintiva; éstos emplean frases como las siguientes: «Daniel, esta mañana te has esforzado mucho con las matemáticas. Hazme el favor de llevar esta nota a la oficina por mí», «Carlos, has ayudado mucho a Javier a leer, hazme el favor de ayudarme a repartir estas hojas». Una vez observé a un profesor que dijo: «Ana, esta tarde ha sido un placer trabajar contigo. Me gustaría que te quedases la última de la fila y que apagases las luces cuando vayamos a la sala de dibujo». Este profesor inteligentemente hizo que ser el último de la fila se convirtiese en un privilegio.

Utilizar las actividades como incentivos

Se pueden utilizar como incentivo ciertas actividades que los niños desean realizar como, por ejemplo, jugar a la consola de vídeojuegos, hablar por teléfono o salir con los amigos. Para que estas actividades funcionen como incentivo, debe emplearlas de forma que el niño realice una tarea responsable primero, y que luego juegue. De esta manera, debe ordenar su habitación antes de jugar a la consola o hacer los deberes antes de ver la televisión. Tenga cuidado de no caer en la trampa de las promesas: «Te prometo que estudiaré después de la película».

Sepa añadir un comentario halagador cuando su hijo se ha ganado la actividad: «Espero que disfrutes el tiempo extra de televisión que te has ganado». Debe subrayar el hecho de que su hijo disfrute en vez de destacar el tiempo de televisión. Asimismo, usted podría involucrarse en sus actividades. Recuerde que jugar es divertido, pero jugar con los padres lo es mucho más.

Hay algunas actividades que se pueden conceder a los hijos como concesiones especiales. En esta categoría situaríamos el quedarse levantado hasta tarde o el pasar la noche en casa de algún amigo. Recuerdo que hace algunos años fui con mis hijos al cine para celebrar el Día del Padre. Anthony preguntó en aquel momento: «¿Y cuándo es el Día del Hermano? Si hay el Día del Padre y el Día de la Madre, ¿por qué no hay Día del Hermano?» Ahora tenemos un Día Sorpresa del Hermano y de la Hermana cada año. Esos días hacemos algo especial para cada uno de nuestros hijos.

Relacione las concesiones con la buena conducta, pero sea cauto. Delante de sus hijos, no dé excesiva importancia a estas pequeñas actividades porque podría llevarles a malos entendidos. Podrían pensar que quiere que sean perfectos y, de ser así, se sentirían resentidos hacia usted y mostrarían una actitud poco positiva de cara a esforzarse para conseguir sus objetivos. Deje que algunas de estas actividades ocurran de forma rutinaria. Tampoco debe dejar que piensen que siempre que se comporten bien usted les va a gratificar con algo. Los niños tienen que aprender que la buena conducta es «buena» porque con ella se hace lo correcto.

Incentivos tangibles

Los incentivos tangibles son las cosas que sus hijos quieren conseguir. Algunos ejemplos son la comida, juguetes, compact discs, dinero, etc. Siempre debe acompañar los incentivos tangibles con palabras de agradecimiento y apoyo: «Aquí está tu recompensa, Ana. Has ayudado mucho en los quehaceres domésticos esta semana. Eso está muy bien».

A continuación presentaré una lista de incentivos. Esta lista se pudo completar gracias a la ayuda de más de tres mil padres que han participado en mis clases durante más de cinco años. Siempre que impartía una clase, los padres escribían ejemplos de los incentivos que funcionaban con sus hijos. Recogí sus ideas y las recopilé en esta lista. Usted puede utilizar las ideas de la lista para crear su propio menú de incentivos; el menú podría utilizarse con tablas y contratos, tal y como se explicará en el próximo capítulo.

Resumen

Relacione actividades especiales con la buena conducta. Así, le enseñará a sus hijos que comportarse bien vale la pena. Siempre que lleve a cabo una actividad o que eche mano a un incentivo tangible debe añadir unas palabras de agradecimiento y apoyo. Cuando pronuncie estas palabras, no acentúe el incentivo en particular, sino que debe subrayar, en cambio, la buena conducta.

Lista de incentivos para niños menores de 12 años

Abrazos y besos / Halagos y palabras de apoyo
Alabar a su hijo enfrente de otros niños
Utilizar el ordenador
Realizar actividades con uno de los padres
Día del Hermano / Día de la Hermana
Un día especial con un padre
Jugar a peleas con uno de los padres
Sorpresas
Masajes y caricias en la espalda
Mensajes de agradecimiento en la bolsa del desayuno
Mensajes de agradecimiento enviados por carta
Quedarse en el comedor del colegio
Libros / Leer cuentos
Pósters
Juegos de ciencias
Juegos de construcción, de modelar
Jardinería
Jugar a juegos / Juegos de mesa / Puzzles
Trucos de magia
Pintar / Dibujar
Utilizar la calculadora
Jugar en la calle / Jugar a las palas
Actividades deportivas
Dar un paseo / Ir a dar un paseo en bici con toda la
    familia
Dar una vuelta en coche
Ir a un dar un paseo secreto
Sentarse en el asiento delantero del coche
Ropa nueva
Ver la televisión
Utilizar el vídeo / Alquilar una película
Jugar a la consola de vídeojuegos
Utilizar el teléfono
Jugar a las canicas
Hacer palomitas de maíz
Quedarse por la noche hasta más tarde los fines de
    semana

Ir a visitar a un amigo
Quedarse a dormir en casa de un amigo
Hacer una fiesta en pijama
Hacer una tienda de campaña con una manta
Acampar en el jardín
Cantar canciones / Tocar algún instrumento
Viajes especiales
Ir a casa de algún familiar
Jugar a las cometas
Ir a nadar, pescar / A jugar con el monopatín, a jugar
 a bolos
Ir al cine
Ir al zoológico, al parque, al museo, a la biblioteca
Ir a comer fuera
Dejar que el niño escoja el restaurante
Pedir que traigan una pizza a casa
Baño con burbujas / Con muñecos
Cepillar el pelo
Ayudar a preparar una comida / Postre
Ayudar a limpiar
Ayudar a mamá o a papá con sus proyectos
Recompensas / Helados
Pegatinas / Libros de pegatinas / Chapas
Estrellas / Puntos positivos
Dinero / Concesiones / Cartilla de ahorros
Tarro misterioso que contiene regalos dentro

Incentivos para niños mayores de 12 años

(muchos ya han sido mencionados en la lista anterior)

Halagos
Actividades con amigos / Ir al centro comercial / Ir de
 compras
Tiempo jugando con el ordenador / Cuenta en Internet
Ropa nueva
Cosméticos / Nuevo corte de pelo o peinado
Chocolatinas y aperitivos

Dinero / Concesiones / Hacer pequeños trabajos a
cambio de dinero

Tener una meta semanal

Proyectos / Hobbies

Invitar a un amigo a comer / Cenar

Escoger una actividad para toda la familia

Tiempo para él mismo / Tiempo para que haga cosas
solo / Tiempo libre

Quedarse por la noche hasta más tarde que sus
hermanos pequeños.

Música / Tiempo con la cadena musical / Cintas,
Compact Discs

Material escolar

Animales / Cosas para sus animales

Salidas con el colegio, con alguna organización

Bailes / Fiestas / Actividades extraescolares / Quedar
con los amigos

Tiempo para utilizar el teléfono

Ir en monopatín

Actividades deportivas

Jugar a cartas

Lecciones de conducción / Prácticas con el coche

Ayudar a arreglar el coche / Utilizar herramientas
mecánicas

Quedarse despierto hasta más tarde

Conciertos

Cocinar

Decorar su habitación

Escoger cuándo quiere realizar las tareas domésticas

Acompañar a uno de los padres en alguna visita de
negocios

7

Tablas y contratos

Unifique la responsabilidad haciendo una tabla o un contrato. Las tablas serán un dibujo del acuerdo establecido entre usted y sus hijos; y el contrato será el acuerdo por escrito entre usted y sus hijos. Ambos métodos le ayudarán a centrarse en conseguir sus metas y, al tenerlo todo por escrito, le permitirá saber si la conducta de sus hijos ha experimentado alguna mejoría o si todavía necesita poner en práctica alguna estrategia complementaria. Las tablas suelen gustarle mucho a los niños menores de doce años, mientras que los más mayores suelen preferir los contratos.

Haga tablas sencillas

Una tabla colgada de la pared es un buen recordatorio visual para ser constante. Las tablas suelen animar a manifestar buena conducta, ya que en ellas se refleja las veces que ha habido un intercambio positivo entre usted y su hijo, promoviendo así un buen ambiente familiar al animar a todos a colaborar. Además, con las tablas los padres pueden trabajar en una estrategia común.

Recurra a las tablas para reforzar la buena conducta. Identifique las principales pautas de conducta que quiera mejorar. Haga una lista de éstas en la tabla y, cuando su hijo presente la deseada, dibuje una sonrisa en la casilla. Al final del día, realice el recuento de sonrisas.

De igual forma, puede utilizar puntos, signos, pegatinas o cualquier otro símbolo. A veces basta con anotar símbolos de buena conducta para satisfacer a algunos niños, dado que estos no necesitan incentivos adicionales. No obstante, hay otros que necesitan mayores incentivos.

En los casos en que los símbolos no parezcan ser suficiente, es válido intercambiarlos por una pequeña recompensa, por ejemplo, un minuto extra de cuentos por la noche o tiempo extra para jugar antes de irse a dormir. Muchos niños quieren tener una pequeña recompensa cada día y una actividad extra el fin de semana. Propongo que las sonrisas representen tiempo extra para jugar al final del día. Al final de la semana, podría hacer recuento de sonrisas y ofrecer a su hijo una recompensa mayor, por ejemplo, que un amigo se quedase a dormir podría equivaler a 15 sonrisas. También hay que recordar ser flexible y utilizar las estrategias que funcionan.

Tabla de Paula

☺ = dos minutos extra de cuentos

Conducta	Lunes	Martes	Miércoles	Jueves	Viernes	Sábado	Domingo
Veces que comparte sus juguetes	☺ ☺	☺ ☺ ☺	☺ ☺ ☺	☺ ☺ ☺	☺ ☺ ☺	☺ ☺ ☺	☺ ☺ ☺
Veces que escucha a la primera	☺ ☺ ☺ ☺	☺ ☺	☺ ☺ ☺	☺ ☺ ☺	☺ ☺ ☺	☺ ☺ ☺	☺ ☺ ☺

Total diario: 6 5 6 7 7 6 7

Total semanal: 44

Además puede acompañar los incentivos con palabras de apoyo y ánimo. Está claro que ganarse una recompensa es importante, pero desarrollar el sentido de la responsabilidad será primordial en un futuro. También debe ayudar a que su hijo se recompense a sí mismo. «Esta semana te has portado divinamente. Estoy contenta de que María José se pueda quedar a dormir en casa. Espero que te sientas orgullosa de ti misma.»

Añada a la lista conductas que sepa de antemano que serán fáciles de cumplir y divertidas para su hijo. Evite llenar la tabla de conductas problemáticas porque, de ser así, su hijo puede creer que el objetivo es imposible. Es importante que el niño contemple los objetivos de la lista como una meta alcanzable. Podrá incluso hacer rotar la lista de conductas prioritarias; así, si usted tiene, por ejemplo, una lista donde se citan ocho conductas, podrá hacer rotar dos o tres cada semana. Con ello, conseguirá mantener el interés de su hijo en el contenido de la lista.

La tabla debe dejar espacio a los puntos extra. Cada vez que su hijo muestre una conducta que usted considera que requiere un esfuerzo especial o que demuestre tener sentimientos positivos, añada una sonrisa a la tabla. Los niños suelen responder de forma favorable a esta técnica y, así, puede aprovechar la tabla para mejorar la actitud del niño: David habla amablemente con su hermana; cada vez que usted note que David se muestra educado con la niña, hágalo constar escribiendo una sonrisa en su tabla y diciéndole que admira su buena conducta.

Con el tiempo, dejará que pasen al menos unos días o una semana hasta que sus hijos reciban su pequeña recompensa. Hay que conseguir que los hijos aprendan que las recompensas significan esfuerzo y resultados. Por lo tanto, empiece gratificando a su hijo al final de cada día y después cada dos días y así sucesivamente. Una vez trabajé con una profesora que también utilizaba el método de las tablas. Los estudiantes podían intercambiar los puntos que conseguían por actividades o regalos. Al cabo de unos días, la profesora se dio cuenta de que los estudiantes tenían que esforzarse y estudiar más para conseguir los puntos y decidió darles una lección sobre la inflación para poder aumentar el número de puntos necesario para conseguir una recompensa.

Muchos padres entregan a sus hijos una lista con un menú de incentivos. En ella se puede observar que cada incentivo cuesta cierto número de puntos; por ejemplo, alquilar una película de vídeo puede ser equivalente a 10, hacer palomitas de maíz también valdría 10 puntos, dejar que un amigo pase la noche en casa 15... Así, su hijo aprenderá a esperar y acumular puntos, además de darse cuenta de que la buena conducta y el esfuerzo significan tanto responsabilidad como libertad. Para mantener el interés y la motivación de su hijo, basta con cambiar los incentivos de vez en cuando, añadiendo nuevos cada dos o tres semanas. En el capítulo 6 se ofrecen ejemplos con los que puede elaborar su propia lista.

Elabore las tablas cada semana. Elija que la semana de la tabla tenga cinco, seis o siete días, según prefiera. Muchos padres deciden elaborar tablas sólo para los días laborables mientras que otros padres deciden poner en práctica la tabla los siete días de la semana para promover la constancia. Hágalo según prefiera. De igual forma, mientras que algunos padres utilizan una pizarra y rotuladores para volver a utilizar la tabla otros prefieren hacerla sobre papel y hacer fotocopias e, incluso, los hay que la hacen en ordenador para poder hacer los cambios con facilidad e imprimir una nueva versión cada semana.

Haga a sus hijos partícipes de las tablas. Así, también estarán poniendo su grano de arena. Deje que hagan dibujos y que la coloreen a su gusto. También podría dejarles que sugiriesen algunas conductas e incentivos: si se involucran en el proyecto su interés y motivación aumentarán.

La tabla se convertirá inmediatamente en su aliado. Podrá recurrir a ella para destacar la buena conducta de su hijo. Cuando se comporte debidamente, levántese y dibuje una sonrisa. La tabla ayuda a sus hijos a saber qué es lo que usted espera de ellos, además de comunicarle lo que ellos a su vez esperan de usted. Estas tablas resultan también muy útiles para recordar normas, por lo que puede poner en práctica esta estrategia para modificar la conducta de un niño que parece salirse de su cauce habitual.

«Álex, quiero que veas algo antes de que tomes una decisión equivocada. Mira la tabla. Mira que bien te has portado últimamente y mira cuanto has mejorado respecto a tu obediencia. Sé que tú también estás muy orgulloso de tu mejoría y que sabrás tomar una buena decisión en esta situación.»

Ahora mostraré una forma equivocada de tratar esta situación. «No sé porqué, pero tu buena conducta nunca dura más de tres días. Se suponía que esta tabla iba a ayudarte a mejorar».

Las tablas también le ayudarán a evitar disputas ya que, al reflejarse las expectativas y las consecuencias por escrito, no dejan lugar alguno para los malentendidos. Sus hijos verán claramente lo que han hecho o lo que han dejado de hacer, aprendiendo, así, el sentido de la responsabilidad. Además, los niños podrán observar su progresión y, por ello, se sentirán más motivados. En los casos en los que la tabla demuestre que no se ha experimentado mejoría alguna, esta estrategia también resultará útil, puesto que la tabla le mostrará exactamente el tipo de conducta en la que debe poner más empeño. Así, usted y su hijo podrán prestar más atención a las conductas que necesitan mejorar.

Elaborar una tabla para ayudarle con la conducta escolar

Algunos padres utilizan la estrategia de las tablas para mejorar el comportamiento de sus hijos en el colegio. El profesor de su hijo podría colaborar enviándole una nota en la que explique la conducta del niño. Si su hijo ha manifestado una conducta satisfactoria podría obtener sonrisas adicionales. Podría especificar en la tabla las conductas escolares como hacer caso al profesor, terminar los ejercicios, entregar los deberes a tiempo...

Tabla escolar de Diana
* = dos minutos extra de cuentos

Conducta	Domingo	Lunes	Martes	Miercóles	Jueves	Viernes	Sábado
Obedece a la primera	* * * * * *	* * * * * *	* * * * *	* * * * *	* * * * * *	* * * * * *	* * * * * * *
Habla con educación	* * * * * *	* * ** * * *	* * * * *	* * * * * *	* * * * * *	* * * * * *	* * * * * *
Buena conducta en el colegio	* * * * * *	* * * * * * *	* * * * * *	* * * * *	* * * * * * *	* * * * * *	* * * * * * *
Puntos extras	* * * * * *	* * * * *	* * * * *	* * * * * *	* * * * * * * *	* * * * * * * *	* * * * * * *
Total diario	24	26	21	22	27	26	27
Total semanal	24	52	77	99	128	158	190

Puntos escolares:

1. Obedece las normas escolares = ***
2. Termina todos los ejercicios = ***
3. Entrega los deberes a tiempo = ***

El profesor de Diana envía a los padres una nota cada día. Diana puede obtener hasta tres asteriscos al día si las tres conductas anteriormente especificadas son satisfactorias. Deje que el profesor premie al niño con los asteriscos en clase. Una vez en casa, coloque los asteriscos en la tabla según corresponda.

Lista de seguimiento

También puede utilizar la tabla como lista de seguimiento. Esta técnica suele funcionar cuando usted asigna a su hijo una tarea que se divide en pequeñas obligaciones. El seguimiento recuerda al niño sus deberes y facilita su realización, puesto que se exponen como pequeñas tareas, en vez de como un todo incalcanzable. Estas listas acostumbran a funcionar con tareas matutinas, tareas que debe realizar antes de irse a dormir, limpieza de la habitación o quehaceres del hogar los fines de semana.

Prepararme para ir a la cama

	Lunes	Martes	Miércoles	Jueves	Viernes
Poner la ropa sucia en la cesta	✓				
Cepillarme los dientes	✓				
Bañarme	✓				
Ir al lavabo	✓				
Leer durante 20 minutos	✓				

Las listas de seguimiento ayudan a los niños a hacer su recuento y, de algún modo, les introduce en el mundo del adulto. Hay muchos actos recurrentes en nuestras vidas que distan mucho de ser divertidos o estimulantes. Sabemos que tenemos que hacer ciertas cosas para poner orden en nuestras vidas y, por eso, es importante que inculquemos el sentido de la responsabilidad a nuestros hijos cuando son pequeños. La lista de seguimiento puede utilizarse también opcionalmente para obtener puntos, aunque muchos padres sostienen que no es correcto recompensar a los niños por aprender sus deberes cotidianos. Utilice el método que crea que funciona con sus hijos.

Contratos

Un contrato es un acuerdo por escrito entre usted y su hijo que especifica todo cuanto usted espera de él y todo lo que él espera de usted. Este tipo de técnica suele funcionar con adolescentes y puede ser utilizado de la misma forma que las tablas. Algunos ejemplos a mencionar y que pueden recompensarse son: el esfuerzo en el colegio, una lista de seguimiento de su conducta en casa y algunas concesiones. El contrato puede tener la forma de un contrato real (como veremos a continuación) o puede ser prácticamente como una tabla, pero debe contener la palabra «contrato» precediéndolo (al adolescente le suena mucho mejor que la palabra «tabla»).

Cuando escriba el contrato, intente ser muy específico. No escriba «Laura debe comportarse bien durante las próximas dos semanas». Redacte el significado de «comportarse bien» y, si las expectativas están definidas claramente por escrito, no podrá haber ninguna disputa al respecto. Intente hacer un contrato que sirva para una o dos semanas.

Gracias a los contratos, los adolescentes aprenden a ser más responsables ya que éste les guía en su conducta y les estimula. Aprenden porqué es importante que realicen ciertas tareas y, de este modo, se sienten más motivados para tomar decisiones adecuadas. Formar parte de un contrato les hace sentir importantes y adultos.

Tanto las tablas como los contratos permiten a su hijo planificar sus objetivos a largo plazo. Supongamos que su hijo quiere comprarse ropa nueva; para conseguirlo, seguramente necesitará trabajar sobre su conducta durante varias semanas. Mediante las tablas o los contratos usted y su hijo podrán seguir su conducta en casa y su progreso hasta conseguir su meta.

Contrato
Entre Papá y Laura

Cortney manifiesta que:

1. Entregará los deberes a tiempo en la escuela.
2. Mantendrá su habitación ordenada.
3. Ayudará a preparar la cena los lunes y miércoles.
4. Limpiará el garaje el sábado.

En un plazo de dos semanas, Laura obtendrá a cambio el poder celebrar una fiesta en pijama con tres amigas.

Papá manifiesta que:

1. Se compromete a recoger a sus amigas en coche antes de las 7 de la tarde.
2. Permitirá que las chicas pongan música.
3. Comprará una pizza.
5. Alquilará una película de vídeo.

Firmado _____ (Laura)

A _____ (fecha)

_____ (Papá)

A _____ (fecha)

(Quizá tenga que hacer una lista específica de las tareas que requiere la cláusula «mantendrá su habitación ordenada», «ayudará a preparar la cena» o «limpiará el garaje».)

Resumen

Las tablas y los contratos deberían mostrar el progreso de su hijo y, al subrayar los logros, deberían hacer que el niño se sintiese satisfecho de sus avances. Aunque el progreso sea más lento de lo que esperaba, las tablas y los contratos le muestran dónde se ha producido una mejoría. Así, tanto usted como su hijo se mostrarán más motivados y, además, usted aprenderá a tener más paciencia. A continuación se enseñaran algunos ejemplos de tablas.

LAS DIEZ RAZONES MÁS IMPORTANTES
PARA RECURRIR A LAS TABLAS Y CONTRATOS

Las tablas y los contratos:

10. Plasman por escrito su plan para mejorar la conducta de sus hijos. En ellos se refleja el acuerdo efectuado entre usted y sus hijos.

9. Le permiten centrarse en conductas y actitudes concretas, positivas y prioritarias.

8. Le ofrecen un recuento por escrito para que usted pueda evaluar el progreso realizado.

7. Son tangibles y, por ello, actúan como recordatorios visuales para ser constantes. Además, tienen el mismo efecto sobre los padres.

6. Ayudan a promover un ambiente positivo en la familia, fomentando la colaboración entre sus miembros.

5. Se pueden utilizar para modificar la mala conducta. Ayudan a su hijo en sus días rebeldes.

4. Ayudan al niño a recordar las normas. También le enseñan un poco a llevar sus cuentas.

3. Aumentan la autoestima y la motivación interna del niño.

2. El niño recibe inmediatamente una respuesta positiva a sus pequeños logros.

1. Los padres también reciben inmediatamente una respuesta positiva a sus logros.

Normas para la elaboración de una tabla

Cree la tabla en colaboración con su hijo para asegurarse de que se muestra interesado.

No anote conductas que requieran un esfuerzo colosal para su hijo.

Mantenga el interés en la lista cambiando las conductas principales de vez en cuando.

Entregue a su hijo un menú de incentivos.

Menú de fin de semana

Traer un amigo a dormir a casa	15 puntos
Hacer palomitas de maíz	10 puntos
Pedir una pizza	30 puntos
Alquilar un vídeo	10 puntos
Jugar al minigolf	25 puntos
Ir a comer fuera	30 puntos
Comprar un nuevo compact disc	30 puntos
Ir al zoológico	15 puntos

8

Cómo poner en práctica las normas y las consecuencias

Las normas indicarán a su hijo de qué forma usted desea que se comporte, puesto que son expectativas que guían al niño a tomar sus propias decisiones. Hay que tener en cuenta tres factores a la hora de elegirlas. Éstas deben ser específicas, razonables y viables.

Las expectativas son *específicas* cuando comunican con precisión la conducta que su hijo debería o no debería manifestar. Muchos padres no concretan sus expectativas sino que suelen decir «limpia tu habitación una vez a la semana» y éstas normas no son precisas. Un ejemplo de norma específica sería:

La habitación debería estar limpia cada sábado antes del mediodía.

Lista de tareas:

Poner la ropa sucia en la cesta

Quitar el polvo de los muebles y pasar el abrillantador

Pasar la aspiradora a la moqueta

Poner todos los juguetes dentro de su caja

Colocar en el armario la ropa limpia.

Tiene que examinar las expectativas desde el punto de vista de su hijo. «Limpia tu habitación» puede ser una norma muy vaga y ambigua mientras que la lista de tareas le define claramente los pasos que tiene que seguir.

Las expectativas también deben ser *razonables*. ¿Tiene su hijo la capacidad para realizar las normas? La lista que hemos expuesto anteriormente es muy específica, pero no sería razonable para un niño de tres años de edad. Un niño de esa edad podría poner la ropa sucia en la cesta y poner sus juguetes dentro de una caja, pero no podría limpiar el polvo, pasar la aspiradora o cambiar las sábanas.

Además, las expectativas y las normas deben ser *viables*. Usted debe comprobar que las normas se han cumplido. A veces, los padres de adolescentes les imponen normas que no pueden comprobar como «No quiero volver a verte con Nicolás». Esta norma no es viable. Usted no puede perseguir a su hija por el colegio para comprobar que no va con Nicolás. Sería mucho más viable prohibir que él viniese a su casa. «No invites a Nicolás a casa».

También hay que tener en cuenta que es preferible una lista corta de normas bien especificadas, razonables y viables que una lista muy larga de normas que no están bien definidas. Las normas deben ser de diferente índole. Incluya normas sobre la colaboración, sobre la obediencia a la primera, sobre las tareas matutinas, sobre los quehaceres de casa o sobre los deberes. Observará que las normas le ayudarán a ser constante y a centrarse en las conductas prioritarias.

Las consecuencias de enseñar a tomar decisiones propias

Los niños aprenden que respetar las normas tiene consecuencias positivas y que, al contrario, desobedecerlas puede acarrear consecuencias negativas. Las consecuencias enseñan a los niños a tomar buenas decisiones y tomar buenas decisiones equivale a buenas consecuencias. De este modo aprenden que este mundo se rige por la relación causa-efecto y aprenden a prever lo que les ocurrirá si escogen determinada conducta.

Las consecuencias, al igual que las normas, también deben ser específicas, razonables y viables. Se considerará que una consecuencia es específica cuando el niño sepa de antemano lo que le ocurrirá. Si elige determinada acción, sabe cual será el resultado. Las consecuencias serán razonables cuando sean lógicas y se tomen con sentido común. La mayoría de los padres suelen ser razonables cuando no están enfadados.

Las consecuencias deberán ser viables. Seleccione consecuencias que pueda tener bajo control. Una vez un físico me pidió mi opinión: le había prometido a su hijo «lo que fuese» si conseguía estar en la lista de honor del colegio; su hijo logró estar entre los alumnos más destacados y le pidió un coche todo terreno. Le dije que había tenido mucha suerte porque el chico podía haberle pedido un Porsche y complicarle las cosas. No prometan a sus hijos cosas que saben que no podrán darles sólo por el simple hecho de motivar a los niños.

En uno de mis cursillos, una madre contó una historia que se remontaba a su adolescencia y que ahora relataré. Su padre le había prometido un coche si sacaba mejores notas en el colegio. Ella, al contar la historia, recordaba cómo se sintió ante el ofrecimiento de su padre: «¿Acaso soy tan vaga que mi padre me tiene que ofrecer un coche para que me esfuerce?» Por supuesto, el padre lo había hecho con la mejor de las intenciones, pero el efecto fue el contrario. Prometer un coche fue algo demasiado valioso y sólo consiguió que la niña se sintiese peor. No logró animarla ni motivarla.

«La decisión es tuya»

Emplee las normas y las consecuencias para enseñar a sus hijos que comportarse responsablemente depende de ellos. Enséñeles que serán sus propias elecciones las que determinarán las consecuencias, en vez de ser usted quien las imponga.

«Estefanía, me gustaría que estuvieses en casa hacia las 5 cada día. Confío que llegarás antes de esta hora. Últimamente has demostrado ser muy responsable. Ahora tienes una oportunidad para confirmar que te estás haciendo mayor». De esta forma, la madre incentiva a Estefanía a llegar a casa a la hora. «Si llegas a casa a la hora indicada, podrás irte a la cama media hora más tarde y podrás tener más tiempo para jugar al día siguiente». La madre también le explica las consecuencias negativas de llegar tarde: «Si eliges llegar tarde, irás a la cama a la hora normal y no tendrás tiempo libre para jugar al día siguiente. Depende de ti». Estefanía está de acuerdo en que depende de ella.

Cuando Estefanía llega a casa a la hora, la madre la elogia. Sin embargo, cuando llega tarde, la madre le suele decir «Estefanía, siento mucho que hayas llegado tarde. Ahora te tendrás que perder media hora de tu programa favorito esta noche. Vaya, me hubiese gustado que lo vieras».

Podrá observar que con esta estrategia, la responsabilidad recae sobre Estefanía y no sobre su madre. La madre sigue siendo una buena persona, sigue estando del lado de Estefanía, pero ella decide si se irá pronto o tarde a la cama. Cuando haya cerrado la lista de expectativas y consecuencias sea constante y también sea flexible antes de establecer las expectativas, pero no lo sea una vez se hayan infringido.

Consecuencias naturales

En el capítulo sexto usted pudo leer sobre las consecuencias tangibles y sobre las actividades recompensa. Las consecuencias naturales son las que ocurren inevitablemente; por ejemplo, si un niño se niega a comerse la cena, tendrá hambre; si un niño se niega a ducharse, acabará oliendo mal y, cuando sus compañeros de clase empiecen a hacer comentarios, el joven empezará a ducharse de nuevo. Las consecuencias naturales pueden desembocar en resultados positivos. Un niño estudioso sacará buenas notas. Un niño que colabora en las tareas domésticas se ganará alguna recompensa. Un niño que practica deporte se sentirá sano. Este tipo de consecuencias también le enseñan a responsabilizarse y a tomar decisiones porque permiten a los niños aprender sobre el funcionamiento del mundo real. Aproveche las consecuencias naturales siempre que pueda.

Resumen

Cuando las expectativas de los padres ponen el listón muy alto, los hijos tienden a desanimarse. No espere la perfección, pero tampoco caiga en la trampa de listar expectativas demasiado fáciles de lograr, puesto que sus hijos se aprovecharían y sólo se esforzarían al mínimo. Las expectativas que resultan apropiadas son aquéllas en las que el niño debe esforzarse sin sentirse frustrado.

La conducta es una elección. Usted debe comunicarle a sus hijos cómo espera que se comporten y actuar consecuentemente si no cumplen sus expectativas. Sea consistente con esta técnica y sus hijos aprenderán a tomar mejores decisiones y a comportarse de forma responsable.

9

Cómo ser previsor

Ser previsor significa planificar y está claro que la vida resulta mucho más sencilla cuando se tiene una idea de lo que va a suceder. La mayoría de los problemas de disciplina pueden evitarse con la planificación y ahí es donde les podemos sacar ventaja a nuestros hijos porque poseemos experiencia. No es que los padres seamos más inteligentes y está claro que ellos tienen más tiempo y energía que derrochar que nosotros. Sin embargo, con la planificación usted podrá despedirse de la mayoría de sus antiguos problemas.

Anticiparse

Suponga que usted lleva a sus hijos a una pizzería que tiene juegos para niños, y sabe de antemano que el sitio estará a rebosar. En ese restaurante los niños pueden hacer muchas actividades, pero usted, aunque quiere que se diviertan, no quiere tener que estar vigilándoles y persiguiéndoles todo el rato. ¿Qué puede hacer? Anticipar los problemas: «¿Les dejo que jueguen un rato antes de que esté lista la pizza? ¿Cuántos juegos les permito? ¿Cuánto tiempo nos vamos a quedar en el restaurante después de terminar la pizza?» Todas estas preguntas debe resolverlas con antelación y decirle a sus hijos exactamente cómo espera que se comporten. Exponga las normas antes de salir de casa y déjeles bien claro qué ocurrirá si no se atienen a ellas y no colaboran. También infórmeles de cómo les recompensará si su conducta es favorable.

«Esta semana os habéis portado muy bien y, por eso, os voy a llevar a ese restaurante en el que también hay juegos, y comeremos una pizza. Mientras esperamos a que nos la sirvan, podréis jugar a dos vídeojuegos. Si seguís las normas, después de la cena podréis jugar a dos juegos más. Quiero que os lo pases bien, pero también quiero que os comportéis. Si todo sale bien, pronto volveremos a ir al mismo sitio otra vez. Depende de vosotros. Bueno, saldremos dentro de diez minutos.»

Anticipe los posibles problemas. Usted conoce a sus hijos y sabe los sitios en los que suelen ser revoltosos como en el supermercado, la iglesia o en casa de la abuela. Si sospecha que puede haber el más mínimo problema, debe hablar con los niños antes de salir. Explíqueles lo que espera de ellos y lo que ellos pueden esperar de usted.

Reflexione sobre la conducta inadecuada de sus hijos. ¿Cuáles son los problemas recurrentes? ¿Cómo puede prevenir estos problemas en el futuro? Si sus hijos se pelean, tenga preparado un plan para eliminar progresivamente esos momentos de tensión. Si su hijo adolescente no está motivado con el colegio, desarrolle un plan para fomentar su interés por las materias escolares.

La compra preparada

Llevar a los niños de compras puede ser toda una odisea. Los niños quieren todo lo que ven. Los grandes almacenes y las tiendas lo saben y por eso sitúan estratégicamente a la altura de la vista del niño artículos que pueden atraer su atención. Enseñe a sus hijos que no siempre pueden tener todo cuando ven o desean. Cuando Anthony tenía cuatro años, le solía llevar a las jugueterías para practicar estos trucos. Le explicaba las normas antes de salir

«¿Te gustaría que fuésemos a echar un vistazo a la juguetería?»
«Sí, me gustaría mucho, papá.»

«Vamos a ir a mirar y a jugar, pero no vamos a comprar nada.»

«¿Qué quieres decir?»

«Pues que si quieres vamos y nos divertimos, pero no vamos a comprar nada. ¿Sigues queriendo ir?»

«Sí».

Íbamos a la juguetería, nos lo pasábamos bien jugando con los muñecos y nos íbamos sin comprar nada. A menudo Anthony me pedía que le comprase algo, más que nada para ver si se me habían olvidado las normas. Yo le contestaba que ese día no íbamos a comprar nada, pero que quizás otro día. Solíamos realizar estas visitas de práctica a la juguetería una vez al mes. De esta forma, además de enseñarle que no siempre se puede tener todo lo que uno quiere, nos lo pasábamos bien en el proceso de aprendizaje.

Planificar para mejorar la conducta

La siguiente guía de planificación combina la mayoría de las ideas contenidas en este libro con estrategias específicas. Este es un método de planificación paso por paso y usted mismo podrá comprobar cómo mejora la conducta de sus hijos si sigue los pasos indicados.

Paso nº 1: *Establezca su objetivo.* ¿Cómo le gustaría que fuese todo? ¿Qué tipo de mejorías le gustaría observar en sus hijos? Base la elección de su objetivo en dos factores: (1) Seleccione una meta que sepa que es fácil lograr. Es importante que su primer plan funcione; el éxito llama al éxito; no empiece tratando algo realmente problemático. (2) Seleccione una meta que contribuya a una mejoría de todos los miembros de la familia y así creará una atmósfera positiva en el hogar.

Objetivo: que Daniel y Mariana se lleven bien.

Paso nº 2: *Haga una lista de las conductas específicas que desea que mejoren o que se eliminen progresivamente.* ¿Qué significa que se lleven bien? ¿Qué es lo que espera de ellos? Estas son sus conductas prioritarias.

1. Que Daniel y Mariana se peleen *menos.*

2. Que Daniel y Mariana se molesten *menos.*

3. Que Daniel y Mariana compartan los juguetes *más* a menudo.

4. Que Daniel y Mariana se insulten *menos.*

5. Que Daniel y Mariana colaboren *más.*

Paso nº3: *Seleccione una o dos conductas prioritarias que desea modificar.* Elija conductas que sean fáciles de cambiar. Es importante que el plan funcione cuanto antes.

Paso nº4: *Observe a los niños y mantenga un control durante cinco días.* Una vez haya seleccionado las conductas prioritarias, haga el recuento de dichas conductas al final de cada día. No intente hacer nada para alterar estas conductas, ya que usted debe limitarse a observar. Es necesario que sepa su frecuencia de aparición para que pueda llevar a cabo el resto del plan. Así, usted podrá evaluar los resultados.

Supongamos que usted ha seleccionado las conductas 1 y 3 (que Daniel y Mariana se peleen menos y que compartan sus juguetes más a menudo). Cuente el número de veces que Daniel y Mariana se pelean y haga lo mismo con las veces que comparten juguetes. Siga repitiendo el proceso durante cinco días. Aquí le mostramos un ejemplo para llevar la contabilidad.

Conducta	Día 1	Día 2	Día 3	Día 4	Día 5
Peleas					
Compartir					

Determine el número de conductas antes de empezar a aplicar las consecuencias. Esta tabla nos indica que Daniel y Mariana se pelean una media de seis veces diarias y que comparten sus juguetes menos de una vez al día.

Es importante llevar la contabilidad porque así podrá saber si su plan está dando buenos resultados; si no lleva el recuento por escrito, tendrá que depender exclusivamente de su memoria; y a veces, con los niños, las mejorías son casi imperceptibles. Cuando se empezó a poner en práctica el plan, Daniel y Mariana se peleaban seis veces al día. Supongamos que al cabo de dos semanas se pelean cinco veces al día; está claro que la mejoría ha sido muy leve, pero se trata de una mejoría. Si no llevase un recuento por escrito, seguramente abandonaría el plan y diría que no es efectivo. Sin embargo, usted se estaría equivocando porque sí que se experimentaba alguna mejoría, aunque era casi imperceptible. El recuento por escrito le ayudará a saber con exactitud los avances de sus hijos.

Paso nº5: *Decida cómo va a intervenir.* ¿Qué puede hacer para modificar su conducta? ¿Qué recompensas podría utilizar? ¿Y qué castigos? Haga una lista de las recompensas y los castigos. Pregúnteles a sus hijos y deje que le ayuden a dar forma al plan. ¿Qué incentivos les gustaría conseguir? Utilice tablas, contratos y menús de incentivos para que su plan pase a la acción.

Paso nº6: *Explíquele el plan a sus hijos.* Dígales cuál es su objetivo y cuáles son las conductas prioritarias. Establezca las normas y las consecuencias. Deje claro lo que espera de ellos y lo que ellos pueden esperar de usted. Tenga una visión positiva del plan; explíqueles que es algo que va a ayudar a todos a ser más felices y añada que es algo serio y que, por lo tanto, será consecuente con los castigos que ha elegido si ellos optan por la mala conducta.

> «Hijos, me gustaría hablaros de un nuevo programa. Espero que, de ahora en adelante, no os peleéis. También me gustaría que compartieseis vuestros juguetes con los demás. Cuando compartís y no os peleáis podéis conseguir minutos adicionales de cuento, pero si rompéis alguna norma eliminaréis cinco minutos del cuento. Este plan os ayudará a comportaros y a llevaros bien. Sé que lo podéis conseguir.»

A partir de ese momento, dependerá de Daniel y Mariana si deciden seguir la buena o la mala conducta. La madre puede convertirse en un mero espectador, alegrándose de las mejorías de Daniel y

Mariana. Si rompen alguna de las normas, la madre no tiene porqué verse involucrada en interminables peleas, sino que le basta con poner en práctica las consecuencias. La madre está de su parte y de ningún modo es la mala de la película. Ella ya no decide lo que pasa, sino que son los niños los que eligen si se quieren comportar bien o mal.

También debe alentarles continuamente. A la menor señal de mejoría, subraye lo bien que lo han hecho y haga comentarios para fomentar su autoestima como «Me alegro de ver que compartís. Tendríais que estar orgullosos de vuestra buena conducta».

Paso nº7: *Evalúe.* ¿Está funcionando el plan? Observe el recuento tal y como lo hizo en el paso número 4. Al comparar las dos tablas de conductas podrá determinar si el plan es efectivo. Haga que sus hijos se sientan implicados en la tabla. Cuélguela en la cocina y haga una nueva cada semana.

Cuando los niños experimenten alguna mejoría, añada otra conducta prioritaria, pero mantenga las conductas iniciales. Si se produce otra mejoría a la semana siguiente, añada una nueva y así sucesivamente. Tenga cuidado: es mejor añadir las nuevas conductas poco a poco; no arruine el plan abarrotándolo. Si durante tres semanas no se produce ningún cambio favorable tendrá que reconsiderar el plan.

Paso nº8: *Reconsidere el plan.* Si no se produce ninguna mejoría, significa que las expectativas son demasiado altas o que las consecuencias no motivan a los niños. Si cree que el listón está demasiado alto, bájelo un poco. Si los niños no quieren compartir sus juguetes, quizá debería cambiar su expectativa por jugar a turnos con un juguete. Empiece a jugar con ellos. Enséñeles a jugar por turnos y a compartir. Cuando ya saben hacerlo por sí mismos, déjeles que jueguen solos. Esta expectativa seguirá destacando la colaboración y el compartir. Una vez hayan aprendido a jugar colaborando, podrá intentar que compartan los juguetes.

Los buenos resultados de un plan dependen de la «respuesta positiva» de los niños y de los incentivos. Muchas veces se cansan de las mismas recompensas, por lo que cambiar de incentivos mantiene su nivel de motivación. Para obtener ideas, ojee la lista de incentivos al final del Capítulo 6. Si sus hijos pierden interés en los cuentos, inténtelo con un nuevo incentivo como los asteriscos, las pegatinas o las sonrisas en una tabla. Los incentivos muy usados suelen perder eficiencia.

Puede que se vea tentado por la idea de utilizar castigos más fuertes si su plan no funciona. Aún así, debería saber que este tipo de castigos casi nunca tienen los resultados deseados, ya que suelen desanimar a la mayoría de los niños. Así, los niños hacen menos esfuerzos, en vez de más, que es el objetivo que se pretende conseguir. Es más adecuado ser consecuente con un castigo y alterar la lista de incentivos positivos.

Cuando la conducta no mejora, no se debe a que su hijo sea incorregible. Tampoco se trata de que usted sea un fracaso como padre. Cuando una conducta no mejora es porque el sistema de expectativas y consecuencias no está funcionando adecuadamente.

Observe el plan. ¿Debería realizar algunos cambios? ¿Está siendo coherente? ¿Ha dejado que pase suficiente tiempo para ver que funciona? ¿Se están poniendo en práctica las consecuencias rápidamente? ¿Está subrayando la atención negativa? ¿Está ignorando el plan? ¿Se da cuenta de cuándo sus hijos muestran una conducta positiva? Estas preguntas le ayudarán a determinar si se puede mejorar el plan.

Resumen

Los padres que saben educar a sus hijos planifican con antelación. Se anticipan a las situaciones problemáticas. Si uno, o más, de sus hijos muestra una mala conducta de forma recurrente, desarrolle un plan de acción. Utilice la guía de planificación que se ofrece a continuación para poder desarrollarlo.

Guía de planificación

1. ¿Qué conductas deben mejorar mis hijos?

Objetivo: _____

2. Haga una lista de las conductas determinadas que espera de sus hijos.

_____

_____

_____

3. Escoja una o dos conductas prioritarias que desea que se modifiquen.

4. Mantenga una contabilidad. Cuente cuántas veces se producen estas conductas al día.

Conducta	Día 1	Día 2	Día 3	Día 4	Día 5

5. ¿Qué puedo hacer?

Incentivos _____

Tablas _____

Contratos _____

Castigos _____

6. Explique el plan a sus hijos. ¿Cómo puedo hacer que los niños se impliquen en el plan? Prepárese con antelación lo que les va a comunicar.

7. Haga una evaluación. ¿Cómo sabrá si el plan está funcionando? Elabore una tabla similar a la que creó en el paso número 4. Cuente el número de veces que se dan estas conductas prioritarias cada día.

8. ¿Cómo puedo adecuar el plan a mis circunstancias? ¿Qué otro tipo de consecuencias puedo poner en práctica? Hágase estas preguntas:

> ¿Estoy siendo coherente con las respuestas positivas?
>
> ¿He dejado al plan suficiente tiempo para comprobar su eficacia?
>
> ¿Estoy imponiendo demasiados castigos?
>
> ¿Sigo enfadándome?
>
> ¿Les sigo gritando?

10

Cómo motivar a sus hijos

«Mi hijo nunca quiere hacer nada.»

«¿Qué quiere decir?»

«Se pasa el día viendo la televisión.»

«¿Tiene alguna responsabilidad en la casa?»

«Sí, pero para que haga algo, hay que estar siempre pendiente de él y repetírselo una y otra vez. Es una lucha constante.»

«¿Qué tal va en el colegio?»

«Va aprobando, pero sé que podría sacar notas mucho mejores si estudiase un poco más. ¡Tiene tan poca motivación!»

Todos los niños están motivados por algo, pero no todos lo están para comportarse y estudiar duro. Algunos niños están motivados para no hacer nada. Usted debe entender la palabra motivación de dos formas: hay motivación que proviene del interior de la persona –motivación interna– y motivación que proviene de fuera –motivación externa. Tener sobrepeso es perjudicial para la salud y la motivación necesaria para perder peso requiere motivación interna, puesto que tiene que haber un deseo de perder peso. Sin embargo, perder peso debido a una apuesta sería un caso de motivación externa.

La mayoría de nosotros nos levantamos y vamos a trabajar cada día por dos razones. Primero porque obtenemos satisfacción personal al trabajar (motivación interna) y segundo porque nos pagan (motivación externa): ambas son igual de necesarias. La mayoría de nosotros no conducimos a 160 km/h porque sabemos que es peligroso (motivación interna) y porque no queremos ir a la cárcel (motivación externa). La motivación interna y externa deben aparecer simultáneamente para que la persona sea responsable.

Subraye los logros

Los logros crean motivación interna. Seguro que, cuando su superior elogia su trabajo, se siente satisfecho y continúa trabajando duro. Usted puede utilizar los logros como una forma para potenciar la motivación interna de su hijo, subrayándole las buenas conductas y las buenas decisiones para que el niño se sienta útil y satisfecho. Además el éxito le motivará para trabajar y esforzarse aún más. Cuando elogie a su hijo por haber limpiado y recogido la habitación, él se sentirá bien internamente y sabrá que ha logrado su objetivo. De esta forma, se sentirá más motivado para mantener ordenada su habitación.

Muchos niños están convencidos de que no pueden hacer nada bien. Esta falsa creencia suele provenir de una repetición de fracasos y a veces es el resultado de altas expectativas. Usted debe intentar corregir este problema destacando los aspectos positivos, resaltando los puntos fuertes de su hijo y enseñándole dónde ha progresado. Anímele a creer en sí mismo y así hará que su hijo se sienta una persona de provecho. Una vez se produce este sentimiento, se reproducirá en cadena porque el éxito llama al éxito.

Desarrolle expectativas que usted sepa que su hijo conseguirá para fomentar, de este modo, sus logros. Esta estrategia se denomina «modelar progresivamente». Cuando esté enseñando una conducta compleja, divida la tarea en pequeñas etapas. Espere que se produzca un progreso, pero no la perfección. Considere el siguiente ejemplo:

A Ana le gustaría enseñarle a Carlos cómo prepararse para ir a la escuela. Esta tarea incluye lavarse, cepillarse los dientes, vestirse y hacer la cama. Ana decide que lavarse es la conducta prioritaria. Puede ser que Carlos tarde unos días o unas semanas hasta que realice este ejercicio apropiadamente. Una vez aprendida la tarea prioritaria, Ana le enseña a Carlos a cepillarse los dientes y a vestirse. Por último, Ana le da instrucciones sobre cómo hacer la cama.

Dividir una conducta en pequeños pasos aumenta las probabilidades de éxito. Esperar que realizase todas las tareas de golpe hubiese sido poco razonable y seguramente no hubiese creado más que insatisfacción y frustración. El «modelar» lleva tiempo, pero vale la pena, ya que es un buen método para enseñar a los niños. Emplee esta táctica para mejorar la conducta progresivamente; «modelar» implica animar al niño a esforzarse cada vez más. Supongamos que su hijo necesita 40 minutos para realizar un trabajo que debería tomarle sólo 10 minutos. Usted puede poner un cronómetro en marcha y jugar a «Ganar al reloj». Anímele a que acabe su tarea antes de que suene el cronómetro. Quizás si empieza fijando el tiempo en 10 minutos el niño no lo consiga. Por eso, para asegurarse de que pueda completar la tarea con éxito antes del tiempo indicado, ponga el límite en los 20 ó 25 minutos. Poco a poco, el niño conseguirá hacer el ejercicio en menos tiempo hasta llegar a los 10 minutos. Esta técnica aumenta las oportunidades de que el niño realice rápida y eficientemente una tarea.

Cuando le esté enseñando una nueva conducta, destaque las mejorías o los pasos realizados en la dirección apropiada. No sería conveniente que insistiese en que la tarea estuviese perfecta en los primeros intentos, sería ilógico esperar que, porque acaba de enseñarle a su hijo de cinco años a hacer la cama, él la hiciese tan bien como usted. Él estará contento con extender la sábana de cualquier manera y poco a poco, gracias a su apoyo y ayuda, irá mejorando.

Un niño que muestra una conducta inapropiada a menudo puede tener falta de motivación para colaborar. Intente alabarle y animarle para que empiece a cambiar de conducta. Cuando muestre una actitud más positiva, se sentirá más motivado para colaborar en el futuro. Dígale cuándo se porta bien y verá como le nota más motivado.

Los padres tienden a centrarse en la conducta negativa. Solemos decir a nuestros hijos lo que hacen mal. La conducta desviada suele captar nuestra atención. La mayoría de los padres creen que, al resaltar los errores, los niños se esforzarán más para evitarlos. Esta creencia no es cierta, por lo que los padres debemos centrarnos y subrayar lo que los niños hacen bien.

Imagínese que su hijo tiene que barrer el garaje y lo hace un poco por encima. «No has barrido los rincones. Que vago eres. Un niño de seis años lo tendría que hacer mucho mejor.» Este tipo de crítica no es motivadora. Sería mucho mejor decirle: «La parte del centro está bien barrida. Todavía quedan algunos rincones sucios. Mira, yo voy a limpiar uno para enseñarte cómo se hace y después tú haces los demás. Si haces los rincones como has hecho la parte central estará como los chorros del oro». Este comentario es alentador: fomenta el éxito y hace que los niños se esfuercen más.

A veces las palabras de ánimo y de apoyo no bastan y hay que recurrir a incentivos mayores, como las concesiones, juguetes o privilegios. Utilice la técnica de las tablas y los contratos, estableciendo un acuerdo con su hijo; por ejemplo, dígale que, si se porta bien en el colegio durante toda la semana, el sábado harán alguna actividad especial. A los niños les gusta esforzarse para conseguir un objetivo. No ponga el listón demasiado alto porque puede presionar al niño demasiado y crear, sin proponérselo, el efecto contrario en cuanto a motivación respecta. Tampoco espere que su hija presente la mejor de las conductas durante dos meses seguidos porque ha dejado que fuera al cine. Sería esperar demasiado.

Siempre que utilice incentivos (por ejemplo recompensas o privilegios) acompáñelos de palabras de ánimo. Recuérdele a su hijo que la razón para esforzarse y comportarse bien es sentirse bien con uno mismo. Subraye la autorecompensa, puesto que es mucho más importante que el incentivo en particular.

> «Espero que estés orgullosa de tu gran esfuerzo en el colegio esta semana. Está claro que esforzarse vale la pena. Estoy muy contenta de que te hayas ganado ir al cine el sábado, pero es importante que sepas que la razón para esforzarte en el colegio es sentirte mejor personalmente. Esfuérzate en el colegio porque será bueno para ti. Tú eres mucho más importante que una película.»

Cree interés

El interés crea motivación: suponga que intenta mejorar la capacidad lectora de su hijo. Usted sabe que a su hijo le gustan los dinosaurios; por lo tanto, si lee libros sobre dinosaurios, seguro que la motivación del niño aumentará. El interés del niño por el tema hace que la lectura será interesante y divertida. Así, el niño se muestra motivado para aprender porque le gusta lo que está leyendo (al final de este capítulo le presentaremos un cuestionario que le ayudará a descubrir y saber alimentar los intereses de su hijo).

Haga que aprender resulte interesante. Con los niños pequeños puede lograr que cambien de conducta poniendo en práctica un juego. Por ejemplo, Pablo le enseñó a Carla a hacer la cama jugando al intercambio de papeles; Carla tenía que desempeñar el papel de madre y, por eso, hacer la cama resultó ser una actividad muy divertida.

Atmósfera familiar

Una atmósfera familiar agradable motiva a los niños. Con la palabra atmósfera, nos referimos a los sentimientos que cada miembro de la familia tiene sobre los demás. Una atmósfera agradable tiene lugar en las familias en que todos se hablan con educación y, en las que la disciplina se contempla como un elemento positivo, donde todos los miembros de la familia colaboran y se sienten unidos. La estructura familiar se equilibra mediante la flexibilidad. Cada uno se siente apoyado para cultivar sus propios intereses. La familia se sabe divertir junta y se toman bromas que sólo ellos entienden y cuando la atmósfera es calurosa, los niños se muestran receptivos y aceptan los consejos y los castigos porque pueden ver que los padres lo dicen por amor y por preocupación. Si hay algún problema, los niños lo superarán antes.

Una atmósfera familiar desagradable se produce en las familias en las que hay enfados y críticas. Las normas y la estructura familiar son rígidas y no toleran la flexibilidad individual. Todos están a la defensiva y los padres parecen los malos de la película. Los niños que viven en este ambiente siempre se están molestando el uno al otro.

La atmósfera familiar empieza con el modelo que imparten los padres. Enseñe a sus hijos a dar gracias a la gente que se porta bien con ellos, a disculparse ante aquellas personas a las que han hecho daño, a ser empáticos; así, si alguien no se encuentra bien, dígales que le ayuden. La mejor forma para enseñar estas cualidades es que los niños las vean reflejadas en sus padres. No se queje porque ha tenido que ayudar a la abuela con la compra. Explíqueles que ayudar a los demás es bueno porque hace que nos sintamos bien y esa es la mejor recompensa.

Haga que sus hijos se sientan seguros y a salvo. A los niños les gusta que todo marche bien en la familia y les cuesta aceptar los cambios. Les preocupan los cambios en el colegio y también si papá tiene un nuevo trabajo. Explíqueles en qué consisten los cambios antes de que se produzcan. Asegúrese de recordarles que les quiere mucho y que siempre les querrá.

La próxima vez que vaya de compras, observe el ambiente familiar que se respira. Cuando vea a una familia que camina unida y charlando alegremente está contemplando una atmósfera familiar agradable. Si oye a los padres decir «Ponte derecho cuando andas. Agárrate al carrito, ten cuidado no te sueltes. Camina con nosotros», está ante una atmósfera familiar desagradable. Si oye a los niños decir «Te lo estoy diciendo. Te vas a meter en problemas. ¡Mamá, mira lo que está haciendo!» también se trata de una atmósfera desagradable.

Una atmósfera agradable puede trastocarse debido a una situación negativa como una pelea entre dos niños. Si la situación crea una atmósfera desagradable, intente evitarla; cambie de tema de conversación o piense en algo positivo. Intente volver a la atmósfera familiar agradable lo antes posible. Si dos de sus hijos se pelean, ayúdeles a llegar a un acuerdo y, cuando lo haya logrado, vuelva a encauzar su energía. Puede que tenga que estar con ellos un rato para que vuelvan a tener buenos sentimientos; vayan a dar un paseo, léales una historia o hagan alguna actividad que les guste.

La atmósfera familiar puede experimentar fluctuaciones. Algunos días es agradable y otros días es todo lo contrario. Es lo más normal, pero usted tiene que esforzarse para que haya más días agradables que desagradables. Si uno de los padres intenta promover una atmósfera agradable y el otro no hace ningún esfuerzo, los niños se acostumbrarán. Intente que el tiempo que pase con sus hijos sea lo más agradable posible, ya que más vale poco que nada.

La importancia del humor

Un aspecto importante para que haya una atmósfera familiar agradable es el humor. Éste puede ser el responsable del cambio de atmósfera familiar. Cuando todos los miembros de la familia se sienten un poco decaídos, un poco de humor ayuda a darle la vuelta a la tortilla y también puede ayudar a corregir la mala conducta, sobre todo con los niños más pequeños. «¿Es esa tu cara de Tristón? ¿Qué ha pasado? ¿Qué ha hecho que tu cara sonriente pase a ser como la de Tristón?» Si su hijo conoce el cuento de Blancanieves puede hacer comparaciones con Gruñón y Alegre.

También puede utilizar un toque humorístico para algunos olvidos. Por ejemplo, si a su hijo se le ha olvidado barrer la terraza, déjele una nota que ponga: «¡Espero que pases un buen día en la TERRAZA!». Puede pegar con cinta adhesiva la nota al palo de la escoba y dejársela al lado de la puerta de su habitación. Este recordatorio sólo tendrá el efecto esperado si a su hijo verdaderamente se le ha olvidado barrer. Si se le había «olvidado» porque no le apetecía realizar la actividad, este tipo de humor no es lo más apropiado, sino que se debería imponerle algún castigo.

Todas las travesuras no se pueden etiquetar de mala conducta. Los niños tienen una habilidad especial para meterse en líos sin querer: un día los dos hijos medianos querían ayudar a mamá, pero mamá estaba muy ocupada cuidando de un bebé que estaba enfermo y los niños decidieron, por su cuenta, fregar las baldosas del suelo de la cocina; habían visto cómo la madre las limpiaba muchas veces y estaban seguros de que ellos también lo sabrían hacer. El uno fue a por la fregona y el cubo y el otro fue a por el vinagre, puesto que habían visto también que mamá había utilizado a veces vinagre para limpiar el suelo. María oyó el estruendo en la cocina. Dejó al bebé un momento y se apresuró a ver qué estaba ocurriendo. Cuando puso el primer pie en la cocina se resbaló hasta la mitad del suelo. María solía poner la botella de aceite de oliva al lado de la de vinagre. Bueno, eso es lo que solía hacer hasta ese momento.

Resumen

Subraye la buena conducta de sus hijos, ya que, de este modo, se sentirán útiles y motivados. Las actividades interesantes animan a los niños a aprender disfrutando. Intente que la atmósfera familiar sea agradable y, así, los niños colaborarán más. Estos factores aumentan la motivación, mejoran la toma de decisiones y fomentan la buena conducta.

Su turno

Haga una lista de las actividades que puede realizar para mantener una atmósfera familiar agradable. Aquí le damos algunas ideas para empezar:

Jugar

Contar cuentos

Contar chistes

Ir a dar un paseo y hablar

Hablar en la mesa mientras se come

Ayudarse los unos a los otros

Escuchar música

Halagar más a los demás

Escriba sus ideas aquí:

Ponga a prueba su conocimiento
sobre lo que le interesa a su hijo

Conocer los intereses de su hijo le ayuda a realizar actividades que sean motivadoras. Haga dos o más copias de esta página. Piense en uno de sus hijos. Conteste todas las preguntas que se plantean a continuación como si fuese su hijo el que las respondiese. Cuando haya terminado, pídale a su hijo que conteste las preguntas y, una vez finalizado el cuestionario, compare los resultados. Si el niño es muy pequeño y no puede escribir o leer, léale las preguntas, pero no le dé instrucciones para contestar.

1.   Mi programa de televisión favorito es...

2.   Lo que me gusta más de mi mismo es...

3.   Mi comida favorita es...

4.   Mi color preferido es...

5.   Los otros niños creen que soy...

6.   Mi canción preferida es...

7.   Lo que me gusta más de mi madre es...

8.   Mi asignatura preferida es...

9.   Mi videojuego favorito es...

10.   Cuando tengo que hacer alguna tarea doméstica, ...

11.   Lo que más me gusta de mi padre es...

12.   Me gusta cuando mi profesor...

13.   Mi película favorita es...

14.   Creo que me debería ir a la cama a las...

15.   Cuando tengo tiempo libre, me gusta...

16.   Cuando sea mayor, me gustaría ser...

17.   Me gusta la gente que...

18.   Lo que me gustaría cambiar de mí es...

19.   No me gusta la gente que...

20.   Si tuviese mucho dinero, ...

Este ejercicio no es tan sencillo como puede parecer en un principio. No se sorprenda si sólo concuerdan cinco o seis respuestas y, si el resultado es superior a ocho, es muy buena señal. Si quiere saber qué motiva a sus hijos, tiene que conocer sus intereses. Esta actividad puede ayudarle a entenderles más. Incluso podría repetir la actividad al cabo de algunos meses, añadiendo, si gusta, sus propias preguntas. Algunos padres me han comentado que sus hijos también elaboraron un cuestionario para ellos. ¡Que se diviertan!

Comparaciones de ambiente familiar

Durante años, les pedía a los padres que participaban en mis cursos que escribiesen dos o tres palabras que describiesen una atmósfera familiar agradable y lo contrario. Aquí presento los resultados. Recuerde que su objetivo es que su hogar se mantenga en el lado positivo al máximo. Cuando haya habido un día con un ambiente familiar desagradable intente olvidarlo. Recuerde que el humor suele ayudar.

Atmósfera familiar agradable	Atmósfera familiar desagradable
Unión	Separación
Afecto	Frialdad
Acercamiento	Distancia
Coherencia	Imprevisible
Colaboración	Miedo
Entendimiento	Dolor
Ánimo	Críticas
Comunicación abierta	Comunicación cerrada
Sentimientos positivos	Rechazo de sentimientos
Aceptación	Rechazo
Preocupación por los demás	Egoísmo
Respeto	Hostilidad
Cooperación	Control
Buenos momentos	Tensión
Humor	Enfado
Diversión	Caos
Felicidad	Tristeza
Alta autoestima	Baja autoestima
Fortaleza ante adversidades	Debilidad ante adversidades

11

Autoestima-motivación

A continuación presentamos la descripción que de sí mismo realiza un adolescente con baja autoestima:

> «No me gusto mucho a mí mismo. No soy muy popular entre los demás ni me destaco en deportes. ¿Y a quién le importa? Mis notas no están mal. Hay muchas cosas que no quiero hacer porque no las entiendo. No me gusta probar nuevas cosas: me dan miedo. Odio tener que tomar decisiones, porque ¿qué pasa si me equivoco? No tengo mucha confianza en mí mismo.»

Ahora presentamos a un adolescente con alta autoestima:

> «Supongo que soy un buen chico. Tengo unos cuantos buenos amigos. A veces me escuchan. Me gustan los deportes, aunque no soy de los mejores. Me gustaría tener más tiempo para hacer todas las cosas que quiero. ¡Hay tantas cosas que aprender! No me da miedo tomar decisiones. Si me equivoco, no hay problema. Ya me las apañaré para salir del aprieto.»

¿Qué es la autoestima?

En pocas palabras, la autoestima de una persona es su actitud o confianza en sí misma. La gente que tiene una autoestima sana se respeta y controla su conducta. Tienen también seguridad en las decisiones que toman. Los niños que creen en sí mismos esperan ser alguien en la vida, se sienten bien siendo quien son, tienen seguridad en sí mismos y saben aceptar las críticas constructivas. Nunca en mi vida profesional he tenido que tratar a un niño que se sintiese bien consigo mismo y que manifestase una conducta problemática.

La gente que presenta una autoestima baja tiene poco respeto hacia sí misma, mostrando inseguridad en sus acciones y decisiones. Los niños con una autoestima baja tienen dificultades para aprender, tienen poca seguridad en sí mismos, les falta constancia, son extremadamente sensibles a lo que los demás piensen de ellos y suelen culpar a los demás cuando las cosas les van mal.

Los niños con baja autoestima contemplan el mundo como un lugar terrorífico. Sienten que son inútiles. Tienen poca confianza y fe en sí mismos. Al verse como fracasados, esperan fracasar y se comportan de acuerdo a sus expectativas y, cuando esto sucede, estos niños simplemente se dan por vencidos y dejan de esforzarse. Para los niños que son inseguros, la mejor forma de evitar el fracaso y sentirse avergonzado es evitar la participación: el que nada arriesga, nada tiene. Para ellos, dejar de probar tiene más sentido que intentarlo y esforzarse para acabar fracasando de todas formas. Por eso, el niño dice «Bueno, ni siquiera lo he intentado», que le parece mejor que decir, «Lo he intentado con todas mis fuerzas, pero he fracasado».

Su objetivo como persona debería ser luchar por conseguir una autoestima más sana. Su objetivo como padre consiste en fomentar una autoestima sana en sus hijos. Anime y apoye a sus hijos para que puedan desarrollarla.

Por ejemplo, a un niño le está costando mucho aprender a montar en bicicleta. Si se pronuncia un comentario como «Así no se hace. Ya te lo he explicado antes. A ver si prestas más atención esta vez» reducirá la autoestima del niño. Un comentario mucho más adecuado sería «Buen intento. Cada vez lo haces mejor. Sé que eres capaz de hacerlo». De esta forma, muestra que confía en las habilidades de su hijo y le persuade a confiar en sí mismo.

Existen numerosas evidencias que relacionan la baja autoestima con el abuso de alcohol y drogas. Los adolescentes conceden gran importancia a la opinión que otros adolescentes puedan tener sobre ellos y es algo bastante natural. Los adolescentes que tienen una autoestima más alta poseen un sentido mucho más fundamentado sobre su valía y saben soportar la presión que puedan ejercer otros compañeros, puesto que, al gustarse a sí mismos, tienen mucho menos miedo a no ser aceptados por los demás.

Los adolescentes con baja autoestima necesitan la aprobación del resto de compañeros, ya que ellos mismos no se agradan demasiado y, por esta razón, es tan necesaria la aceptación de los demás. La forma más fácil para ser aprobado por los demás es seguir la corriente y, para ellos, tener una pandilla o amigos que toman drogas es mucho mejor que no tener amigos.

Cómo fomentar una autoestima sana en sus hijos

Trate a su hijo con respeto para demostrarle que es una persona importante. El ejemplo de la «leche derramada» ilustra a la perfección este punto: Supongamos que usted tiene un invitado para comer; durante la comida, éste derrama un vaso de leche. ¿Cómo reaccionará usted? «No se preocupe. Son cosas que pasan. Ha sido sólo un pequeño accidente. Espere, déjeme que lo limpie en un momento». ¿Cómo reacciona usted cuando su hijo derrama un vaso de leche? «¡Otra vez! Te he dicho cincuenta mil veces que tengas más cuidado. Desde luego, eres un torpe. ¿Ves? Has manchado el mantel».

Acepte y quiera a sus hijos tal y como son. Esto no significa que tenga que aceptar su mala conducta, pero quiera a su hijo pese a sus malos momentos. «Te quiero, pero no me ha gustado lo que has hecho.» Este mensaje le transmite a su hijo que le quiere, pero que no le gusta su mala conducta.

Enseñe a sus hijos que el esfuerzo es esencial para tener éxito y que ser constante tiene su recompensa. «Sacar buena nota en el examen de ciencias no va a ser fácil. Tendrás que estudiar mucho. Eres inteligente y sabes que esforzarse vale la pena. Estoy seguro de que lo harás muy bien.» Anime a sus hijos y así verán que tiene fe y confianza en ellos;

el ánimo que les dé ayudará a sus hijos a enfrentarse a situaciones en las que necesiten tener más confianza en sí mismos.

No caiga en la tentación de hacer cosas por sus hijos que ellos mismos pueden hacer. Ser demasiado protector puede provocar que los niños se sientan inseguros o perezosos, puesto que dependerán de usted para que realice las tareas por ellos.

Enséñeles a aceptar sus debilidades así como sus puntos fuertes. Los niños que tienen una autoestima baja sólo se fijan en sus debilidades y, al explayarse en sus defectos, olvidan sus cualidades positivas. Explíqueles que todos tenemos puntos fuertes y débiles. Puede ponerse usted mismo como ejemplo.

Anthony estaba decepcionado consigo mismo por no haber jugado bien al baloncesto. Le expliqué que a cada persona le resultan más fáciles unas cosas que otras, poniéndome a mi mismo como ejemplo: cuando tenía su edad, a menudo me sentía decepcionado porque quería ser más fuerte, tener más coordinación entre las partes de mi cuerpo y ser más atlético. Al compartir mi experiencia, le enseñé que es normal sentirse decepcionado, pero debe tener cuidado y evitar decirle frases como «Yo nunca fui bueno en matemáticas y tú tampoco lo serás» porque estará conduciendo a su hijo al fracaso.

Enséñeles a superar las decepciones: dígales que forman parte de la vida y que todos nos sentimos así en algún momento. Enséñeles a experimentar decepciones sin que los resultados sean trágicos.

Isaac tenía diecisiete años. Vivía el día a día sin marcarse demasiados objetivos hasta que conoció a Lidia y se enamoraron. Para Isaac fue un gran descubrimiento: había encontrado a alguien que le quería y ahora él le dedicaría todo su tiempo. La amaba hasta tal extremo que dejó todo lo demás de lado; era su única razón para vivir y se pasaba todo el día pensando en ella hasta que ella le dejó. Ya no había Lidia. Ya no había razón para vivir y su vida carecía de sentido. No podía volver a tener una vida sin ella. Le faltaban muchas cosas y su forma de escapar fue refugiarse en las drogas durante dos años. Sufrió mucho y se sintió muy solo hasta que un día se dio cuenta de que se estaba matando a sí mismo. Le ayudaron y salió adelante.

Siempre que nuestros sentimientos de valía dependen de alguien, estamos corriendo el riesgo de ser heridos. Sin duda alguna, es maravilloso sentirse amado, pero las raíces de la autoestima tienen que estar bien plantadas en el fondo de nuestra propia persona. Enséñele a sus hijos que es importante que se quieran y se den ánimo a sí mismos, que sean sus mejores amigos.

Es importante que les enseñe a apreciar las razones para vivir, para tener relaciones, para ir al colegio, para esforzarse. Expóngale diferentes alternativas. Así, si una razón falla, el resultado no será trágico.

Mario jugaba en un equipo juvenil en el instituto. Vivía gracias a su pasión por el fútbol americano y era un buen jugador. Estaba seguro que le elegirían para jugar en alguna universidad; puede que llegase a ser profesional. Era un chico muy popular y le gustaba salir con sus compañeros de equipo y con las animadoras; siempre le invitaban a todas las fiestas importantes... Pero un día se lesionó y le prohibieron jugar al fútbol durante el resto de su vida: Se acabaron los entrenamientos, los compañeros de equipo y las animadoras. Ya no habría momentos de gloria después de una victoria. No había ninguna razón para seguir yendo al instituto ni para vivir.

Mario había puesto toda su autoestima en una carta. Cuando no pudo continuar la jugada, ya no le quedaba ninguna otra forma de sentirse bien consigo mismo. Ya no había ningún otro objetivo, si no podía ser el fútbol, ninguna alternativa. Intentó acabar con su vida, pero no lo logró. Mario tuvo suerte, le ayudaron y, después de un año de terapia, volvió a darse cuenta de la valía de su vida.

Resumen

Usted debe desempeñar un papel activo en el desarrollo de la autoestima de sus hijos. Anímeles y apóyeles. Ayúdeles con la «respuesta positiva» siempre que sea posible. Dígales que tienen la fuerza necesaria para mostrar una buena conducta. Enséñeles a que tengan confianza en sí mismos. Crea en sus hijos y pronto aprenderán a creer en sí mismos. Esa es la mejor motivación.

12

Ser consecuente
puede avergonzarle

Una noche, fuimos los cuatro a cenar fuera. Leah sólo tenía tres años. Los niños saben que, después del plato principal, solemos tomar postre. Leah pidió su habitual hamburguesa de queso con patatas fritas y un vaso de leche pequeño con una pajita. No sé bien porqué, pero ese día Leah prefería mirar a su alrededor a comer y tuvimos que emplear los recordatorios que tan bien conoce. Con cada recordatorio, daba un pequeño bocado a la hamburguesa o un pequeño sorbo al vaso de leche. No estaba comiendo mucho. Mientras tanto, el resto casi habíamos acabado.

Como vi que no tenía hambre, quise ser razonable y corté lo que quedaba de su hamburguesa por la mitad. «Tienes que comerte esta mitad de la hamburguesa antes de que llegue el postre. Si no te la comes, no habrá helado.» Leah sonrió y asintió con la cabeza, pero continuó mirando a su alrededor en vez de comer. Pronto, llegó el momento de pedir los postres.

Pensamos comprarle un helado de todas formas porque, aunque no había terminado la comida, había sido educada y se había comportado bien. También pensamos en el escándalo que haría si no le comprábamos el helado y la vergüenza que nos haría pasar. Muchos padres siguen este razonamiento y así justifican ceder, sobre todo, en público. No ceda a estos pensamientos.

Nuestra única alternativa era ser consecuentes. Si no comes, no hay postre. Ser coherentes y consecuentes es mucho más importante que unas cuantas lágrimas y unos momentos de bochorno. Nuestra elección no era qué hacer, sino cómo hacerlo. Decidimos que mamá y Anthony comprasen tres cucuruchos y que me esperasen en el mostrador. Yo me quedaría en la mesa para darle a Leah más tiempo para comer, pero no para que pudiese comerse un helado (ya era demasiado tarde para eso), sino para que comiese más. El momento para que pudiese comerse el helado ya había pasado.

Después de unos cuantos minutos, le dije a Leah que nos íbamos. Me preguntó si se podía comer el helado entonces y le contesté: «No, porque no te has acabado la cena». «Me la comeré ahora, papá», replicó. En ese momento vio que sólo había tres cucuruchos en vez de cuatro. Con calma le explicamos que nosotros sí que habíamos terminado nuestra cena y que, por lo tanto, teníamos un helado cada uno.

Mientras llevaba debajo del brazo a mi hija chillando y pataleando, pasé al lado de una multitud de familias que estaban cenando y me sentí muy avergonzado. Me preguntaba qué pensarían de nosotros. Quería dar una explicación: «Ella está bien. Sólo estoy siendo consecuente».

Leah chilló y suplicó durante todo el camino a casa. Decía que se acabaría la cena si le dábamos otra oportunidad y todo esto mientras nosotros tres nos estábamos atracando de helado. Anthony quería darle un poco del suyo. Creo que fue la primera vez en mi vida que no disfruté comiéndome un helado. Quería bajar la ventanilla y tirarlo. Queremos a Leah y verla llorar con tanto sentimiento era horroroso.

Piense en el futuro

A veces decir que no y ser consecuente no resulta nada fácil y puede hacernos daño emocionalmente. Hubiese sido mucho más fácil ceder y darle el helado, pero no lo hicimos. Sabíamos que era más importante ser consecuente, a pesar de que puede resultar doloroso.

Queríamos que Leah supiese que mamá y papá verdaderamente harían lo que decían, aunque causase malestar temporal. «Tienes que comerte la cena si quieres postre. Si no te terminas la comida, nosotros, de todas formas, tendremos nuestro postre. Tienes que hacer lo que te decimos, incluso en los lugares públicos.»

Unas dos semanas después, volvimos al mismo restaurante. Queríamos comprobar si nuestra lucha y esfuerzo había tenido algún resultado. Leah comió con ganas. De vez en cuando se paraba y decía «Esta noche me voy a comer toda la hamburguesa de queso». Cuando la camarera le dio el helado fue una satisfacción doble. Leah estaba contenta y orgullosa de sí misma y nosotros sabíamos que nuestra dolorosa experiencia había tenido su recompensa.

No pase por alto las pequeñas travesuras porque pueden convertirse en problemas de mayor envergadura. Cuando fuimos persistentes con Leah, pensamos sobre todo en su futuro, más que en el presente. Queríamos que Leah supiese que tenía que comerse toda la comida siempre.

Qué ocurre cuando no se es consecuente

El hijo de Ana, Javier, de diez años de edad, iba a jugar fuera cada día al finalizar el colegio y cuando volvía a casa para cenar, tenía que lavarse las manos antes de sentarse en la mesa. Cada día, Javier se sentaba sin lavarse las manos y Ana le decía: «Por favor, ve a lavarte las manos» y entonces Javier le hacía caso. Nunca discutían sobre ello. Él siempre obedecía cuando Ana se lo recordaba y cada día durante semanas y semanas se repetía la misma canción: Javier se sentaba en la mesa con las manos sucias y Ana le decía que se las lavase. Un día, Ana se enfrentó a Javier. «Cada día, te sientas en la mesa sin lavarte las manos y, cada día, te digo que te vayas al lavabo a lavártelas. ¿Me podrías decir porqué no te las lavas antes?» Javier miró inmediatamente a su madre y le contestó: «Un día no te diste cuenta».

«Un día no te diste cuenta.» Puede que hubiese sido hace seis semanas, pero él se salió con la suya y cenó con las manos sucias, sin que su madre se diese cuenta, ¡qué emocionante! Esta historia ilustra la forma que tienen de pensar los niños y nos enseña su ingenio. Él prefería sentarse en la mesa y tener que irse a lavar las manos después. ¿Por qué? Porque una vez su madre no se dio cuenta y se salió con la suya; un simple descuido y Javier pone a prueba a Ana durante semanas, sólo para ver si tiene otro descuido. Por eso, ser consecuente es tan importante.

Esta historia me trae recuerdos de Las Vegas. La gente mete moneda tras moneda en las máquinas tragaperras y, de vez en cuando, obtienen una recompensa. Su esporádica recompensa es la razón para apostar y jugar. Sentarse en la mesa con las manos sucias era como una apuesta y valía la pena jugar.

La mayoría de los padres no son consecuentes y no hacen las cosas que dicen. Muchas veces decimos «no» y después acabamos cediendo. No somos coherentes hasta el final. Basta con que nos lo supliquen unas cuantas veces para que la mayoría de nosotros cambiemos el «no» por un «sí». Hay días que dejamos pasar por alto la mala conducta y hay días que actuamos como policías.

La diferencia entre amenazas y advertencias

Las amenazas no son castigos, sino que son palabras con intención de castigar. Hay una gran diferencia. Muchos padres amenazan a los hijos porque no saben cómo usar el castigo y porque tienen miedo a castigar y otros amenazan porque son demasiado perezosos para ser lo constantes que el castigo requiere. Sea cual sea la razón, las amenazas suelen empeorar la conducta del niño.

¿Ha estado alguna vez en una sala en la que haya padres con sus hijos pequeños? «Si no te sientas te ataré al carrito.» El niño se sienta durante unos minutos y vuelve a saltar y corretear. La madre le amenaza, el niño se sienta unos minutos y se vuelve a levantar. La madre le vuelve a amenazar y así sucesivamente.

Las amenazas enseñan al niño a no creer en lo que usted dice porque saben que no siempre se llevan a cabo. ¿Cómo lo saben? Usted no ha sido consecuente en el pasado y no siempre ha cumplido sus amenazas. La amenaza es una forma exagerada de inconsistencia.

Las advertencias son un poco diferentes porque pueden llegar a ser efectivas si las utiliza sólo cuando son necesarias y con mucho juicio. La mayoría de los niños no necesitan advertencias. Por ello, empléelas sólo cuando el niño no se da cuenta de que se está comportando de forma inconveniente. «¡Carlos! Eso es inaceptable. Por favor, estate quieto.»

Sin embargo, no todos los padres saben utilizar las advertencias de forma correcta y sólo los padres que tienen reputación de cumplir sus advertencias deberían usarlas. Muchos padres suelen preguntarme cuál es la diferencia entre una amenaza y una advertencia. A ello respondo que la diferencia no está en las palabras de los padres, sino en lo que los niños oyen.

Carmen trajo a su hijo David, que sólo contaba con cuatro años de edad, a una fiesta de cumpleaños que celebrábamos en casa. A media fiesta, David empezó a alborotarse. Carmen le advirtió que dejase de actuar así. Él no le hizo caso y continuó con su mala conducta. Ella lo tomó de la mano y se lo llevó al coche mientras él lloraba y le suplicaba que se quedasen en la fiesta. Se fueron y no volvieron. La fiesta se había acabado para David y, aunque Carmen también se quedó sin fiesta, fue consecuente y llevó a cabo su advertencia. Desde entonces, David se ha sabido comportar en las fiestas.

Si usted es coherente y consecuente con lo que dice, su hijo escuchará una advertencia y sabrá que cuando dice «ya basta» significa que tiene que dejar de actuar así en ese momento. Por el contrario, si no ha sido consecuente en el pasado, su hijo sólo escuchará una amenaza cuando usted le dice «ya basta» y sabrá que todavía puede recibir unas cuantas amenazas más hasta que verdaderamente tenga que dejar de actuar así.

Existe otro tipo de advertencia que puede tener efectos muy positivos. Se trata de la advertencia temporal, que es muy útil tanto para los padres como para los hijos. Ahora ofrecemos algunos ejemplos:

«La cena estará lista dentro de 10 minutos. Por favor, termina de jugar y lávate las manos para entonces.»

«Puedes jugar hasta que suene el reloj automático. Lo programaré para dentro de 15 minutos.»

«Mamá se marchará dentro de 7 minutos y quiero que, para entonces, estéis todos ya dentro del coche.»

Las advertencias temporales permiten a sus hijos saber por adelantado que se espera que hayan realizado algo en poco tiempo. Así, la sorpresa es menor y normalmente les alienta a colaborar más. No sé exactamente porqué, pero por alguna extraña razón, a los niños les encantan los relojes que se pueden programar para que suenen. Puede usar el reloj del horno, los que suenan como una campana o incluso un reloj de arena. Los comentarios que me han realizado los padres han confirmando mi opinión sobre las advertencias y los relojes, puesto que la mayoría consideraron que estas técnicas resultaban muy útiles.

«Cinco minutos más», «quizás» y «ya veremos»

Muchos padres tienen miedo a decir que no; a menudo lo evitan para no fomentar las peleas; algunos se sienten avergonzados o culpables si sus hijos tienen un berrinche; algunos temen que sus hijos no les quieran; y hay otros que simplemente son perezosos y no quieren molestarse y ponerse firmes con ellos. Por todo ello, recurren a frases evasivas, muchas aprendidas de sus padres como: «cinco minutos más», «quizás» y «ya veremos», que suelen ser sus expresiones preferidas; no hay duda de que, al menos en Estados Unidos, se encuentran entre las palabras más utilizadas.

> «Ya es hora de ir a casa.»
>
> «¿No nos podemos quedar un poco más?»
>
> «Vale, cinco minutos más.»

> «¿Podemos comer un helado después de la cena?»
>
> «Quizás.»

> «Papá, ¿por qué no vamos al parque mañana?»
>
> «Ya veremos.»

Las frases evasivas atrasan lo inevitable. Está bien utilizar aplazamientos siempre y cuando sus hijos sepan que «quizás» a veces significa sí y a veces no. Tienen que darse cuenta de que «ya veremos» a veces quiere decir que sí y a veces que no, y deben entender que «cinco minutos más» significa cinco minutos y no diez.

Utilizar las frases evasivas de vez en cuando no acarrea consecuencias negativas, pero, si se abusa, sus hijos se quejarán, suplicarán y rogarán con esperanzas de que usted ceda y les deje salirse con la suya. Tenga cuidado al utilizarlos.

¿Cómo puede enseñarle a sus hijos que quizás a veces significa que no? De vez en cuando tendría que utilizar la palabra «no» después de «quizás». «Ya sé que te dije que quizás, pero lo he estado pensando y la respuesta es no.» Puede encontrarse con que a sus hijos no les gusta oír estas frases, pero no importa, porque se acostumbrarán. Usted debe ser coherente y consecuente y, al final, valdrá la pena.

¿Qué significa coherencia para sus hijos?

Si quiere que sus hijos sean autodisciplinados, necesita ser coherente y consecuente con lo que dice. Si mantiene una actitud positiva y constante podrá mejorar notablemente la conducta de sus hijos. Ser consecuente y coherente son los elementos más importantes en la relación que mantiene con sus hijos, pero a menudo parece olvidarse. Si tiene que modificar algo de la forma en que educa a sus hijos, sea más consecuente.

El punto fuerte de Mariana no era impartir disciplina y su hija de catorce años, Juana, hacía lo que le daba la gana: solía quedarse viendo la televisión y hablando por teléfono hasta pasada la medianoche, siempre llegaba tarde al colegio, se negaba a hacer las tareas domésticas y replicaba a todo. Ella era la que dirigía la casa y siempre se salía con la suya. Mariana siempre cedía y tuve numerosas reuniones con ella para solucionar el problema; en ellas hablamos de la coherencia y de la necesidad de ser consecuente con nuestras palabras y, en última instancia, desarrollamos un plan para que Mariana recuperase su autoridad en el hogar. De esta forma, Mariana aprendió a llegar hasta el final con restricciones suaves siempre que la conducta de Juana se descarrilaba. Poco a poco, Mariana fue notando las mejorías. Le pedí a Mariana que trajese a Juana a la siguiente reunión. Cuando llegó el día, le pregunté a Juana qué tal iban las cosas en casa y respondió con una mirada un tanto feroz «fatal, desde que mi madre empezó a hablar con usted». No pude contener una sonrisa.

Coherencia significa llegar hasta el final. Intente corregir una conducta problemática de la misma forma siempre que se dé, una regla que es sumamente importante en las conductas que persisten; por ejemplo, si le dice a su hija que llegue a casa a las cinco de la tarde, tendrá que hacer algo si llega tarde. Algunos padres justifican el hecho de llegar tarde para evitar un conflicto. «No tiene mucha importancia.» «Estoy muy cansado para ocuparme de esto ahora.» Usted no hace más que engañarse a sí mismo ¿Hasta dónde tiene que llegar el problema para que usted tome medidas? ¿Estará menos cansado mañana?

Usted tiene que determinar la velocidad límite. Los conductores que viajan por la autopista saben que el límite de velocidad son 120 km/h y no 100 km/h. La mayoría de los policías no le pondrá una multa hasta que no sobrepase esta velocidad y por eso, si usted sabe que puede conducir a 120 sin que le multen, conducirá. A los niños les ocurre lo mismo: Si usted fija la velocidad límite a los 100, tiene que actuar consecuentemente cuando llegue a los 110. Si les da cierto margen, le presionarán para ampliar el límite.

Cuando usted es consecuente con uno de sus hijos, los otros aprenden observando. Durante el primer verano que trabajé en un albergue para niños, un fin de semana decidí llevar a los niños de acampada. Cuando ya había conducido unos kilómetros, Ricardo empezó a impacientarse y le di un aviso. Cuando ya llevábamos unos 80 km empezó a molestar y a revelarse; le di el segundo aviso. Cada vez se portaba peor. Le tuve que decir que si no paraba, tendría que dar media vuelta en el camino y llevarle al albergue. No me creyó y no pensó que iba a ser consecuente con mis palabras, así que no paró, pero yo sí. Di media vuelta. Menuda sorpresa. Antes que nada, dejó de comportarse mal y después me empezó a suplicar que volviese al camino y que se portaría bien. «Demasiado tarde» le dije y le llevé al albergue.

Tardé unas dos horas en llevar a Ricardo al albergue y después tuve que volver al lugar desde donde había dado media vuelta. Sin duda, esas dos horas fueron las mejores. Con mi reputación, que había conseguido gracias a Ricardo, todos los otros niños se portaron bien durante el resto del viaje y, no sólo eso, sino durante los seis siguientes años, ya que la historia iba pasando de niño a niño: «Mejor que obedezcas al Sr. Sal porque cuando dice algo, lo dice de verdad».

Muchas veces me pregunto qué hubiese pasado si no hubiese dado media vuelta. Seguramente Ricardo hubiese seguido con su mala conducta y los otros niños hubiesen observado que avisaba, pero que no cumplía mis amenazas. Me hubiesen empezado a poner a prueba y el fin de semana hubiese sido desastroso para todos y, sobre todo, para mí.

Cuando se produce una mala conducta, hay que tomar medidas en ese momento. Si la deja pasar, pagará las consecuencias en el futuro. No deje que sus amigos, vecinos o abuelos influyan en su decisión de ser coherente y consecuente. «Pásaselo por alto esta vez.» «No lo vemos muy a menudo.» «No te pongas así, sólo está un poco excitado.» Usted es el padre y sabe lo que le conviene a sus hijos. Deje que el resto de la gente eduque a sus propios hijos, pero usted debe ser consecuente con los suyos. A los niños les encanta salirse con la suya y que les pasen por alto malas conductas. Su tarea consiste en que no lo consigan.

Los niños aprenden a tomar decisiones anticipando las consecuencias a sus acciones y aprenden la autodisciplina prediciendo el resultado de su conducta. Por ello, tienen que ser capaces de ver la relación causa-efecto entre su conducta y lo que les sucede: «Si elijo comportarme de esta forma, ocurrirá esto otro».

Sus hijos deben poder predecir cómo reaccionará usted a su conducta y, para ello, tienen que saber cómo se comporta usted. Tienen que conocer las consecuencias y el aprendizaje de la relación causa-efecto será más rápido si es consecuente.

Coherencia entre los padres

Marta tiene dos años. Su madre y su padre están sentados en el sofá y Marta le pregunta a su madre si puede comer un yogur. La madre le responde: «No, porque pronto vamos a cenar». Sin dudarlo un instante, Marta se giró hacia su padre y le preguntó si podía comer un yogur. Si un padre ha dicho que no, habrá que probar con el otro. Los niños aprenden las técnicas de la manipulación a una edad muy temprana y cada vez las van sofisticando más. «Sabía que se lo tenía que haber preguntado primero a papá».

La coherencia es importante entre el padre y el hijo, pero es esencial entre los padres. Si el padre es una persona de manga ancha y la madre es más severa, sus hijos pronto aprenderán a manipular. Si la velocidad límite de la madre es de 80 y la del padre es 100, los niños sabrán cómo aprovechar ese margen y no hay nada peor. Si quiere una recompensa, como obtener más tiempo de televisión o un poco más de dinero, se lo preguntará a papá porque normalmente suele ceder. Si quiere posponer una labor doméstica o traer una amiga a dormir a casa se lo preguntará a mamá, porque ella es más flexible.

Debe existir un acuerdo en las reglas familiares y las expectativas. Discutan el dinero que le deben dar al niño, cuándo y cómo imponer castigos y otras cuestiones relativas a la disciplina. Si no están de acuerdo, no pasa nada, pero deben discutirlo a puertas cerradas y aclarar estos asuntos cuando los niños no estén a su alrededor. Incluso si no han alcanzado un consenso, debe presentar una disciplina uniforme de cara a los hijos y comprometerse. Si muestran desacuerdos delante de los niños, les estará dejando ver que ustedes son vulnerables y pronto tendrán que oír afirmaciones como «bueno, a papá le parece bien» o «mamá me ha dicho que puedo ir».

Hable con su cónyuge sobre la disciplina que les gustaría impartir y analicen los sentimientos y las creencias de ambos. Intenten revisar sus ideas de forma periódica y hagan una lista de malas conductas. Es necesario que tengan un plan de estrategia para atacar cada una de las conductas desviadas. De esta forma, sea quien sea el padre que actúe, la mala conducta se tratará de forma coherente. Cuando se dan conductas imprevistas, espere a que llegue su pareja; sencillamente diga: «Tendré que hablar con tu padre antes de tomar una decisión, así que tendrás que esperar». Los niños entenderán que quiere decir que tendrán que negociarlo y decidirlo juntos y, de esta forma, no caerán en la tentación de jugar a enfrentarles.

No confunda esta sugerencia con la típica frase «Espera hasta que tu padre llegue a casa». La disciplina no debe depender sólo de uno de los padres y normalmente sólo deben discutirse los problemas extraordinarios. La disciplina cotidiana debe imponerse inmediatamente. Si la madre depende del padre para que sea éste quien desempeñe el papel de duro, los niños no harán caso a la madre; ella tiene que responsabilizarse del tiempo que pasa a solas con sus hijos.

Resumen

No siempre es fácil ser coherente y consecuente, pero siempre vale la pena. Piense en el futuro y no deje que los pequeños problemas lleguen a mayores. Ponga remedio a la mala conducta inmediatamente. No tenga miedo a decir que no. Hable con su pareja sobre la disciplina de sus hijos, incluso si están divorciados: realicen un plan para tratar la mala conducta de forma coherente.

13

Cómo ser más consecuente

La Sra. Ellis trajo a sus cinco hijos al colegio donde yo trabajaba. En la primera semana, todos los niños habían tenido que pasar por el despacho del director al menos una vez. Concerté una visita con la Sra. Ellis y, cuando nos vimos, empecé a darle una charla sobre cómo ser consecuente. Ella me interrumpió «ya sé cómo ser consecuente», dijo. «Ahora estoy cansada y necesito unas vacaciones de serlo.»

Sus cinco hijos necesitaban que los padres fuesen muy consecuentes con ellos y a la Sra. Ellis le llevó mucho tiempo ser persistente y no bajar la guardia por un momento, puesto que, cada dos por tres, cedía y se daba por vencida pero no para siempre, sólo temporalmente y ahí estaba el problema.

No se puede ser consecuente la mayoría de las veces, sino que hay que ser siempre consecuente. No es sencillo y resulta agotador porque consume su energía y acaba sintiéndose abatido, pero a continuación exponemos siete estrategias que le ayudarán en esta ardua tarea.

Subraye las conductas prioritarias

La primera estrategia para ayudarle a ser más consecuente es la idea de la *conducta prioritaria*, que no se trata más que de ciertas conductas que usted atacará con cierta diligencia y esfuerzo. La conducta prioritaria puede ser positiva: si usted quiere que sus hijos colaboren más entre sí, la cooperación será la conducta prioritaria y, por ello, se centrará en ella, intentando resaltar los momentos en los que colaboran para que ellos sepan que usted valora su actitud.

Una conducta prioritaria también puede ser negativa, puesto que muchos niños desarrollan pautas de mala conducta y repiten el mismo comportamiento de forma repetida. Algunos ejemplos son las peleas, las quejas y la desobediencia. Puede que su hijo presente varias pautas de mala conducta repetidas y un intento de abarcar todas estas desviaciones en una vez sería imposible tanto para usted como para su hijo. Por ello, deberá elegir sólo una o dos pautas prioritarias y analizar minuciosamente la conducta de su hijo. Sea consecuente, aunque no sea una tarea fácil ya que seguro que habrá veces en las que esté cansado y no le apetezca cumplir sus amenazas, pero si no lo hace, pagará las consecuencias en el futuro.

Las conductas prioritarias le ayudan a centrarse. Es difícil ser consecuente con cada mala conducta de sus hijos y el hecho de identificar una o dos conductas prioritarias le permite canalizar su energía para conseguir su objetivo. Sea consecuente y diligente con las conductas prioritarias y, de esta forma, sus hijos aprenderán a comportarse mucho antes.

Recuerde ser positivo. Cada mala conducta tiene una conducta positiva opuesta. Intente destacar estas conductas positivas al mismo tiempo que está siendo consecuente con las malas. Supongamos que una de las conductas prioritarias de su hijo es sus berrinches: sea consecuente y nunca dé una recompensa por un berrinche, pero, al mismo tiempo, debe recordar impulsar la conducta de su hijo cuando no tiene berrinches. «Estoy contenta porque no has llorado cuando te he dicho que no podías comer caramelos. Te lo agradezco mucho. Gracias.»

Cuando sea consecuente con sus conductas prioritarias, observará que tienen un efecto positivo en todas: sus hijos generalizarán lo que han aprendido en una situación y lo aplicarán a otra; es como esas ofertas en las que se compran dos cosas al precio de una. Sea consecuente con las conductas prioritarias y verá como su hijo experimentará mejorías en otras conductas. ¿Quién rechazaría un trato así?

Impóngase recordatorios tangibles

Utilizar recordatorios tangibles es la segunda estrategia que le ayudará a ser más consecuente. Escríbase pequeñas notas como «No debo ceder a sus berrinches» o «Debo recordar animar a los niños cuando juegan tranquilos». Ponga una señal en el espejo del cuarto de baño que diga: «Resaltar la colaboración», una en el frigorífico, «Mantener la calma. No discutir». Las notas y las señales pueden ayudarle a recordar ser consecuente, puesto que le ayudan a centrarse en las conductas prioritarias.

Personalmente lo aprendí el primer año que impartí clases. Daniel y Javier eran mis dos alumnos más brillantes y ambos tenían trece años; eran guapos, se expresaban con fluidez y eran los cabecillas, pero eran muy parecidos y, por eso, se odiaban y no hacían más que insultarse y pelearse. Intenté ser positivo, pero no fui lo suficientemente consecuente. Era demasiado difícil y mi visión era limitada, por lo que sólo veía su mala conducta. Sin embargo, sabía que tenía que hacer algo y decidí poner un signo al final de la clase.

> ¡¡Debo intentar fijarme en Daniel y Javier
> cuando hablan tranquilamente!!

Fue como un toque de magia. La nota no era para que Daniel y Javier recordasen ser más amables el uno con el otro, sino para recordarme que debía fijarme más en su conducta positiva; pero, aunque mis alumnos al principio pensaron que era una idea tonta, al final de la semana todos querían que les pusiese un símbolo en la pared. Les encantaba que les prestase atención y a mi me encantaba que colaborasen y que su conducta fuese positiva.

Practicar la paciencia

La tercera estrategia para ser más consecuente consiste en tener más paciencia. Los padres quieren que las cambios se produzcan de la noche a la mañana, pero eso no sucede con los niños, ya que lleva tiempo modificar sus pautas de conducta. Las malas conductas que se han aprendido a la perfección son las más difíciles de abandonar: usted debe entender que, porque usted haya decidido ser consecuente, la mala conducta de su hijo no va a experimentar cambios espectaculares en un abrir y cerrar de ojos. Debe ser paciente.

Dotarse de paciencia es una tarea difícil. Todos queremos ver inmediatamente los resultados de nuestra energía y dedicación, pero debe aprender a ver las cosas desde el punto de vista de su hijo. Si usted ha estado empleando amenazas y advertencias antes de pasar a la acción, su hijo ha aprendido que esa es la forma en que usted se comporta. Sin embargo, usted ha cambiado y ahora es consecuente. Es normal que su hijo esté confundido y que se resista al cambio. «Papá, no lo entiendo. Antes me gritabas tres o cuatro veces hasta que hacías algo.» Cambiar su propia conducta requiere tiempo y energía y también la de su hijo, así que sea paciente.

Escoja un buen momento

Si está decidido a empezar un plan nuevo o una nueva técnica de disciplina con sus hijos, debe escoger un buen momento para empezar. Una madre experimentada me aportó esta idea: ella asistía a mi clase sobre padres a principios de primavera y era una contable que trabajaba para la oficina de impuestos. Me explicó que había aprendido que nunca tenía que empezar nada nuevo cuando estaba trabajando en la temporada de impuestos porque tenía que trabajar 60 horas a la semana y, como es comprensible, en casa no estaba de muy buen humor. Ella había calificado este periodo como un mal momento para intentar poner algo nuevo en práctica, como empezar una dieta, dejar un vicio o intentar modificar una conducta de sus hijos. Personalmente, pensé que había sido una elección muy sabia.

No intente empezar a modificar una conducta problemática antes de las vacaciones de Navidad o de la visita anual de los abuelos. Escoja un momento que sea más estable y predecible, puesto que así podrá disponer del tiempo y la planificación necesaria para ser consecuente.

Sea consciente de la hora del día

Hay tres veces al día en las que la mala conducta suele aumentar. Las rutinas matutinas suelen ser problemáticas debido a la presión para salir de casa e ir a trabajar y al colegio. Esta presión adicional hace que tanto los padres como los niños concentren tensión y prisas. Es una hora en la que el mal genio suele salir a la luz, abandonándonos la razón y la calma. Prepárese para este momento cada día y piense que es mejor levantarse 20 minutos antes para asegurar que hay tiempo suficiente para prepararse. Tómese unos 10 minutos para desayunar juntos y diviértanse, relájense y cálmense. De esta forma los niños aprenden a estar de buen humor todo el día.

Diferentes estudios han demostrado que la hora más difícil del día para los padres y los hijos es el hueco que hay después del colegio y antes de cenar. Los padres están cansados y los niños necesitan liberar toda la energía que han almacenado durante todo el día en el colegio. Los resultados de estos estudios revelan que en esas horas del día los niveles de azúcar en la sangre están bajos y, por lo tanto, nos mostramos más irritantes. Podría resultar bueno para usted y los niños merendar porque así, de paso, también los mantiene ocupados.

La hora de ir a dormir también es problemática para algunos niños. No les enseñe que la hora de ir a la cama es un castigo que llega al final de cada día. Este momento debería ser relajante y cómodo. Debería haber una rutina nocturna: un baño, una cena rápida, un cuento, un abrazo y un beso. Utilice las tablas o las listas de seguimiento para enseñar a los niños a ser constantes con sus tareas nocturnas. No es bueno que utilice el hecho de ir a la cama antes de tiempo como un castigo. Así que si somos conscientes de estas horas difíciles durante el día, podremos centrarnos más en ser consecuentes.

Espere retos

Los niños le pondrán a prueba. Da igual que haya desarrollado un plan minucioso o que esté realmente determinado a ser consecuente, porque los niños se resistirán al cambio de todos modos. Normalmente responden bien a las nuevas técnicas de disciplina al principio pero, cuando ha pasado cierto tiempo, vuelven a las andadas y la mala conducta aumenta. Cuando esto ocurra, no se desespere, puesto que es normal. Una vez sea consciente de que sus hijos le van a poner a prueba de vez en cuando, se sentirá menos frustrado y decepcionado. Saberlo le ayudará a seguir siendo consecuente en estos periodos.

Muestre determinación

La séptima estrategia que le ayudará a ser más consecuente es ser consciente de que se trata de uno de los factores más importantes para ser buen padre: ser consecuente comunica a sus hijos lo que usted espera de ellos y les enseña a predecir las consecuencias de sus acciones. Cuando el niño sepa predecir el resultado de su conducta, tomará mejores elecciones y esta es la clave para desarrollar una conducta responsable.

Entender la importancia de ser consecuente hará que usted lo sea más y esto es esencial a la hora de enseñar conductas positivas. Cuanto más consecuente sea con su «respuesta positiva», más rápido aprenderán los niños a desarrollar conductas apropiadas, sobre todo si se trata de enseñar nuevas conductas prioritarias. Por lo tanto, cada vez que se dé cuenta de que sus hijos están jugando juntos tranquilamente, agradézcales el hecho de que estén colaborando y cuando vea que su hijo está haciendo un esfuerzo para limpiar su habitación, dígale lo orgulloso que se siente. Explíquele que se está haciendo mayor y que cada vez es más responsable, por lo que está contribuyendo al bienestar de toda la familia.

Ser consecuente es importante cuando se imparten castigos: si le dice a su hijo que cierta conducta será castigada, siempre tendrá que ser consecuente con sus palabras. Si cede de vez en cuando y sólo aplica el castigo cuando le apetece, no hará más que empeorar el problema, ya que le estará demostrando a su hijo que no hace lo que dice y le estará enseñando a ser consecuente en una forma negativa, alentándo-le a persistir en su mala conducta para salirse, tarde o temprano, con la suya.

Ser consecuente es una manifestación de amor y cariño. Si usted es consecuente, sus hijos serán más autodisciplinados y verán que son importantes para usted. «Sé que mis padres se preocupan por mí porque dedican mucho tiempo y energía para que me comporte bien.» Cuando usted es consecuente, le está enseñando a sus hijos que hará lo que sea necesario y que esa es su labor como padre. Los niños casi nunca dicen que prefieren a los padres que son consecuentes, pero es así y son muy importantes, sobre todo, para los adolescentes.

Ser inconsecuente hace que sus hijos se sientan inseguros de sí mismos, que se sientan confundidos y que crean que no son importantes; esta confusión conduce a los niños a la manipulación, a las tomaduras de pelo y a aprovecharse de ciertas situaciones. Cuando sus hijos aprendan que usted hace lo que dice y que es consecuente, le tomarán más en serio y se lo pensarán dos veces antes de comportarse de determinada forma o de tomar una decisión u otra. Lo que usted quiere es que reflexionen.

La próxima vez que usted crea que necesita unas vacaciones de ser tan consecuente, recuerde el caso de la Sra. Ellis y piense en las consecuencias: las conductas problemáticas empeorarán y serán más frecuentes. El ser inconsecuente enseña a sus hijos que usted no hace lo que dice y entonces intentarán salirse con la suya. «Si me puedo librar de hacer las tareas del hogar, probaré a ver qué pasa si llego a casa tarde.» De esta forma, se crea un círculo en el que los niños son persistentes, pero de forma negativa. Ser consecuente es la única forma de romper este círculo.

Que se produzcan malas conductas de vez en cuando es normal en todos los niños. Si usted reacciona consecuentemente a ello, ésta disminuirá, pero si responde inconsecuentemente no hará más que aumentar.

Resumen

Ser consecuente es lo más importante, a pesar de su dificultad. Permítase usted mismo una recompensa después de haber sido persistente con una situación difícil. Sepa canalizar su energía de forma sabia y céntrese en las conductas prioritarias. Puede utilizar signos y notas como recordatorios. Sea consciente de la hora del día y espere ciertos retos. Recuerde que ser consecuente es una manifestación de amor y cariño que comunica a sus hijos que ellos son muy importantes para usted. Aún así, debe ser paciente porque los cambios requieren su tiempo.

Parte IV
Cómo frenar la mala conducta

14

Cómo aprenden los niños a manifestar una mala conducta

«Pablo, por favor, friega los platos.»

«Es que ahora no me apetece.»

«Pablo, sabes que te toca a ti.»

«¿No los puedo fregar más tarde?»

«No, Pablo, lo tienes que hacer ahora.»

«Es que no quiero fregar los platos esta noche.»

«Si friegas los platos te doy cien pesetas.»

«Bueno, si me das doscientas trato hecho.»

Este padre está ofreciendo una recompensa a un niño que está protestando y evita hacer su faena. *Un soborno es la recompensa de una mala conducta.* Un soborno es un intento de engatusar a un niño para que se comporte adecuadamente.

Sin embargo, los sobornos hacen que los niños sean detestables porque les conceden poder. No utilice los sobornos para persuadir a su hijo a que cambie de idea porque, cuando le ofrece un soborno, le está animando a que discrepe siempre en situaciones futuras. «Me negué a fregar los platos y ahora tengo doscientas pesetas más.» Si un niño manifiesta una conducta poco adecuada, intente hacer algo, pero no caiga en la tentación del soborno.

Cuando Miguel acababa provocando un berrinche en el supermercado, Carmen le sobornaba para que se estuviese callado con una piruleta. De esta forma, le estaba recompensando por molestar y quejarse; por consiguiente a pesar de que se callaba, Miguel acababa siempre teniendo berrinches cuando iban a comprar, puesto que, al recompensarle, había aprendido que *con un berrinche podía conseguir lo que quería* y es así como se fomentan las pautas de mala conducta.

Muchos padres razonables, sin proponérselo, han enseñado a sus hijos a manifestar malas conductas. Carmen nunca se propuso enseñar a Miguel a tener berrinches. Si le preguntásemos si lo que quería era enseñarle a manifestar mala conducta, respondería enfadada «¿Está bromeando? He hecho todo lo posible para que su conducta sea apropiada».

Algunos padres empiezan a recompensar las conductas inaceptables cuando sus hijos son pequeños; por ejemplo, el padre que regala algún dulce al niño que está triste para que esté más contento hace que ese niño, cuando sea un adolescente, haya aprendido que para obtener algo hay que parecer estar triste: se recompensa la tristeza. De esta forma, el niño asocia la tristeza con la comida y, cuando algo desagradable le ocurra, la comida será su refugio. Hay veces que en la vida ocurren cosas desagradables y tenemos que enfrentarnos a ellas sin una chocolatina en la boca. Esta relación entre la comida y las situaciones incómodas en la infancia pueden derivar en desórdenes alimenticios en la edad adulta, por ejemplo, cuando está en casa sentado sin nada que hacer, ¿cuántas veces hecha un vistazo en la nevera?

Quejarse, molestar y patalear

Los niños se quejan, molestan y patalean para salirse con la suya, puesto que son pequeños expertos en la manipulación de sus padres. Muchas conductas, las realizan de forma natural e instintiva, pero otras se las enseñamos; y si cedemos a sus berrinches y otras súplicas estaremos provocando que sus malas conductas aumenten en el futuro. A menudo, establecemos estas pautas de conducta cuando los niños sólo cuentan con dos años de edad.

Casi siempre que vamos a comprar vemos algún niño que actúa como Miguel. Puede que incluso usted mismo se haya sentido humillado un par de veces (por lo menos a mí me ha ocurrido). Antes de ser padre me solía preguntar cómo los niños se salían tan fácilmente con la suya, pero ahora lo entiendo: es muy fácil ceder.

Cuando un niño obtiene lo que quiere con un simple lloriqueo, aprende que hay una recompensa a su mala conducta. Una vez lo ha aprendido, es difícil modificar estas pautas de conducta y sólo puede lograrlo resistiéndose a ceder a sus súplicas. Deje de darle lo que quiere.

Extinción

Una conducta que no se recompensa no volverá a repetirse. A este hecho se le llama *extinción:* las conductas con las que no se obtiene nada dejan de suceder y la extinción significa que elimina las recompensas a la mala conducta del niño. Al eliminarlas también estará suprimiendo esta conducta en el futuro. La extinción implica que Carmen tiene que dejar de darle a Miguel su piruleta, aunque se encuentre en una situación muy embarazosa cuando él ponga en práctica su berrinche habitual.

Si los padres son persistentes y consecuentes, los berrinches y las exigencias que no se recompensan irán desapareciendo poco a poco, y la palabra clave aquí es «poco a poco». Modificar una conducta requiere tiempo (¿recuerda cuando hablamos de paciencia en el capítulo primero?). En muchos casos, los berrinches irán empeorando antes de mejorar: tiene que ponerse en la situación del niño. «Normalmente consigo lo que quiero con un berrinche. Ahora mi madre está ignorando mis berrinches, pero tengo que hacer que me tome en cuenta, así que le voy a dar un berrinche que no olvidará en toda su vida.»

Es bastante común que los berrinches y la conducta exigente se intensifique durante un breve periodo de tiempo cuando deja de ceder. Este aumento se denomina *resistencia a la extinción:* los niños que son persistentes tienen más berrinches en un principio y, normalmente, cuanto más se ha recompensado a un niño, más difícil resulta extinguir su mala conducta.

Una vez tomada la decisión de no ceder, debe hacerlo para siempre y no vuelva a ceder nunca. Imagínese lo que ocurriría. Carmen decide que no va a ceder a los berrinches de Miguel y que no le comprará ninguna piruleta, se ponga como se ponga. Después, van al supermercado y al llegar al pasillo número tres, Miguel empieza con su berrinche habitual y Carmen soporta como puede la situación. A Miguel se le empieza a subir la sangre a la cabeza y también a Carmen y, cuando llegan al pasillo número cinco (nunca antes habían llegado tan lejos sin comprar una piruleta), Miguel no deja de gritar, chillar y patalear. Nunca había tenido un berrinche tan grande y Carmen empieza a sentirse abatida y también sus deseos de ser consecuente. En el pasillo número 7 está furiosísimo y Carmen intenta aguantar y aguantar pero, cuando Miguel está a punto de tirarle un tarro de mermelada a un asombrado espectador, los propósitos de Carmen se derrumban y cede. Todos están tranquilos mientras Miguel se come la piruleta en el pasillo número 9.

De esta forma, lo único que ha conseguido Carmen es enseñar a Miguel a tener mayores berrinches y a ser más persistente. Una vez que decida no ceder, tiene que hacerlo siempre, incluso cuando esté cansado, no le apetezca tener que ser consecuente o cuando haya tenido un largo y duro día; si empieza a usar la extinción y después cede, sólo conseguirá que la mala conducta empeore; si cede a los mayores berrinches y exigencias, no hará más que recompensar estas conductas y en el futuro se repetirán.

Sea consecuente y si dice algo, hágalo. Si cree que no podrá ser constante y superar el rechazo que muestre su hijo a la extinción, en ese caso le recomiendo que no inicie el proceso: espere hasta que reúna el coraje y la energía necesarios. También necesitará el apoyo de su pareja, puesto que es importante que exista colaboración para que, así sus hijos entiendan claramente que *ambos* negocian las cosas. Puede que los resultados se hagan esperar un poco más, ya que cuando su hijo se dé cuenta de que hace lo que dice, con usted se comportará mejor, pero con su cónyuge se comportará como siempre.

Sea paciente: la mayoría de los padres no tienen respuestas positivas porque les falta paciencia. Usted tiene que ser más persistente que su hijo; si cede, pierde. Tiene que aprender a controlarse, sin gritar y sin perder los nervios porque, de hacerlo, sólo empeoraría las cosas. Su recompensa será un hijo que manifieste una buena conducta.

Si tiene un mal día, intente olvidarlo. Si cede, no se preocupe. Si ve que tiene poca paciencia, intente volver a un equilibrio normal. Ser paciente y consecuente no resulta nada fácil, por eso, si recae en viejas costumbres no se culpe ni se critique. Empiece de nuevo y piense en el futuro.

No puede eliminar ciertas recompensas

La extinción debilita las conductas problemáticas que exigen o que buscan atención. La extinción no puede mejorar toda clase de mala conducta, ya que hay algunas recompensas a la mala conducta que no se pueden eliminar ya que existen otras razones que conducen a los niños a una conducta poco apropiada. Pongamos el ejemplo de un adolescente que fuma: usted le prohíbe que fume dentro de casa, puede tirarle a la basura los cigarros que se encuentre, incluso imponerle un castigo y puede que, de esta forma, quizás restrinja su adicción.

Sin embargo, hay ciertas recompensas que usted no puede controlar; por ejemplo, usted no puede controlar la presión que ejercen sus compañeros de clase sobre él; sus amigos le animan a fumar y así va adquiriendo cierto *status* social: todos fuman y usted no puede eliminar esas recompensas que él obtiene fumando. Por ello, a pesar de sus esfuerzos, seguirá fumando.

La extinción es un arma de doble filo

La extinción debilita la mala conducta, pero también atenúa la buena conducta, si ésta no se refuerza. Cuando se ignora la conducta positiva, ésta puede ser sustituida por la conducta negativa. «¿De qué me sirve ser bueno? No vale la pena.» Recuerde utilizar la reacción positiva cuando sus hijos se comportan de la forma deseada: no ignore la conducta apropiada ni olvide centrarse en lo que sus hijos hacen bien. Fíjese en los momentos en que son buenos y destáquelos.

No ponga excusas en boca de sus hijos

Muchos niños manifiestan una conducta inapropiada porque sus padres ponen excusas en boca de ellos. «Está cansado», «ha tenido un día muy duro», «no ha podido comer», «siempre se comporta así cuando él está cerca». A veces estamos enseñando a nuestros hijos a manifestar una conducta indebida porque les excusamos.

Cuando usted le ofrece una excusa está dejando implícito que su hijo no es capaz de comportarse. Las excusas enseñan a su hijo a no responsabilizarse de su conducta. Le está enseñando que las conductas inapropiadas están justificadas siempre y cuando se le ocurra una buena razón; así, las excusas serán como un boomerang en el futuro, ya que, cuando usted pone excusas, sin querer les da razones a sus hijos para manifestar conductas indeseadas y para utilizar esas excusas con el fin de discutir y evitar ser responsables.

Muchos padres han enseñado a sus hijos adolescentes a ser irresponsables. Cuando estos jóvenes eran pequeños y fáciles de impresionar, sus padres solían poner excusas en boca de ellos. Muchos padres creen que eso es lo que un buen padre tiene que hacer, pero se equivocan.

Nunca pregunte «¿por qué?»

Una forma de evitar caer en excusas y enseñar responsabilidad al mismo tiempo es evitar preguntar *por qué*. La pregunta *por qué* está pidiendo a gritos una excusa, mientras que la pregunta *qué* no lo hace; por ello debería preguntar *qué,* puesto que la pregunta *por qué* suele desembocar en riñas o en discusiones, mientras que la pregunta *qué* ayuda a sus hijos a centrarse en la conducta. Ahora exponemos el funcionamiento: en vez de preguntar «¿Por qué lo has hecho?» debería preguntar «¿Qué has hecho?». El propósito de hacer una pregunta que empieza con «qué» es evitar cualquier excusa y conseguir que su hijo le explique qué ha ocurrido. Algunos niños se niegan al principio, ya que están acostumbrados a responder a las preguntas que empiezan con «por qué»; pero no deje que le expliquen el «porqué» lo hizo; lo que tiene que hacer es ayudar a su joven hijo a describirlo. Por esta razón, si él insiste en explicarle el porqué, deténgale y diga: «No te he preguntado por qué lo has hecho. Te he dicho que me digas lo que has hecho». Una vez su hijo le haya explicado lo que ha hecho, háblele de la conducta apropiada: «¿Qué podías haber hecho para no estar metido en este lío ahora?». Este tipo de acercamiento evita las excusas. Trataremos esta estrategia con mayor detalle en el capítulo 22.

Resumen

Tenemos la tentación de sobornar a nuestros hijos para que se comporten porque es una especie de recompensa temporal para nosotros. Nos gustan las soluciones rápidas, pero, hay que tener en cuenta que el soborno enseña a su hijo a protestar más a menudo y a mostrar una oposición más fuerte. El soborno anima a la conducta inaceptable. No caiga en la tentación de premiar la conducta inadecuada, no ceda a las exigencias, a las quejas o a las conductas molestas y no ceda a las recompensas temporales. Sea consecuente y paciente.

Tampoco debe poner excusas en boca de sus hijos, aunque, cuando un niño manifiesta una conducta inapropiada, usted siempre debe hacer algo. Las excusas, sin embargo, no hacen más que proporcionar razones a los niños para seguir con su mala conducta.

15

Por qué los niños siempre nos tocan el punto débil

Son las 10:10 de la noche y Victoria, una chica de trece años, todavía está hablando por teléfono. La norma es que las conversaciones telefónicas se acaban a las diez en punto. La madre asoma la cabeza dentro de la habitación de Victoria y educadamente le recuerda que tiene que terminar la conversación y colgar; Victoria asiente con la cabeza y su rostro cobra una expresión de insatisfacción. A las 10:20 su madre, con tranquilidad, se lo vuelve a recordar; Victoria le hace una señal con la mano esperando que se vaya. Esta vez la madre empieza a sentirse molesta. A las 10:27 la madre explota de rabia: «Cuelga ahora mismo, jovencita y de ahora en adelante no podrás utilizar el teléfono en dos semanas». Victoria ha tocado el punto débil de su madre.

Los niños siempre nos tocan el punto débil porque les encanta hacernos enfadar; y les gusta ver como seres racionales, lógicos y tranquilos pueden convertirse en auténticos maníacos. Estamos sosegados y sensatos y en sólo un minuto podemos estar enojadísimos y ser insensatos a más no poder.

Seguro que todos los padres se sienten identificados. Cuando nos enfadamos gritamos, chillamos o amenazamos y esto se debe a que nos han tocado el punto débil; cuando se oiga a sí mismo diciéndole a su hijo que está castigado durante un año, es que, sin lugar a dudas, le ha tocado el punto débil.

Los niños nos tocan el punto débil con el propósito de que cedamos y dejemos que se salgan con la suya. También lo suelen hacer para que se les preste atención, para hacernos sentir culpables y para que tengamos remordimientos cuando les castigamos. A veces, lo hacen porque están enfadados con nosotros e incluso los hay que lo hacen con el objetivo de herir emocionalmente a los padres.

Todos tenemos algún punto débil y, cuando nos lo tocan, sabemos reaccionar de un modo inconfundible y único: normalmente, enfadándonos, actuando de forma impulsiva e incluso vengativa.

Dos reacciones a una mala conducta

Juan, un niño de 12 años, le pregunta a Camila, su madre, si puede invitar a unos amigos a ver la televisión. Camila le responde «no» y añade que esa noche tiene mucho trabajo que hacer: «Quizás puedas invitarlos otra noche. Puede que el fin de semana que viene». A Juan no le gusta la respuesta y empieza a rechistar y a quejarse. «Nunca puedo traer a mis amigos. No eres justa.» Camila intenta defender su punto de vista, pero Juan replica. Camila se enfada, le grita y le dice que se vaya a su habitación y que se quede allí el resto del día.

Ir a su cuarto es el castigo y, por lo tanto, replicar a su madre tendría que ser la conducta que debe reducirse gradualmente, pero, en la realidad, Juan replica y discute con su madre cada día más, incluso cuando Cindy consecuentemente le manda que se vaya a su cuarto cada vez.

Juan discute porque sabe que es el punto débil de Camila. Ella suele tener dos reacciones a la conducta indeseada de Juan: primero se enfada con él y después le castiga. ¿No será que enfadar a su madre es parte del plan de Juan? ¿No podría ser el enfado de ella una especie de recompensa para Juan?

Cuando Camila castiga a Juan por replicar y discutir, al mismo tiempo, le está recompensando por tal motivo. Juan intercambia los inconvenientes de irse a su habitación por el placer de hacer enfadar a Camila. Así, él gana control y poder y, por esta razón, cada día le replica más y más, a pesar de que Camila le castiga consecuentemente. *La recompensa de control tiene más efecto que el castigo.* Camila debe cambiar su conducta. Tiene que aprender, por lo tanto, a controlar su enfado cuando le castiga y a mantenerse tranquila. Al controlarse, Camila eliminará la recompensa que Juan obtiene al discutir y, por lo tanto, la balanza se inclinará hacia el lado del castigo.

Cuando los padres aprenden esta táctica, suelen reaccionar queriendo implementar castigos más duros, pero este tipo de castigos combinados con el enfado tienen un efecto desastroso. Incluso si el castigo es más duro que la recompensa que obtienen al tocar su punto débil, su enfado neutraliza con creces los efectos del castigo. De esta forma, tardará mucho más tiempo para que el castigo acabe debilitando la conducta inapropiada.

Cómo acabar con el enfado, el estrés y la culpabilidad

La culpabilidad, el enfado, el estrés, el miedo y la ansiedad, al igual que la mayoría de los sentimientos ingratos, son autodestructivos. El enfado perjudicará a su razonamiento y recompensará a un niño que busque poder. La culpabilidad hace que usted intente compensar al niño de algún modo: normalmente no es consecuente y siente no ser un padre perfecto, así que intenta arreglarlo cediendo a las exigencias de su hijo.

Estos sentimientos interfieren en la tarea de ser padre, puesto que inhiben la relación que mantiene con sus hijos y pueden provocar que la conducta inadecuada se incremente. Aprender a tratar y a hacer frente a los sentimientos y creencias autodestructivos hará que sea una persona, un cónyuge y un padre más feliz.

Si quiere reducir la cantidad de sentimientos negativos de su vida, tiene que creer en dos cosas: usted controla su pensamiento y, a su vez, éste controla sus sentimientos; por lo tanto, usted puede controlar cómo se siente, puede controlar la felicidad, la diversión y la alegría, pero también la culpabilidad, el enfado, el estrés y el miedo.

Me he pasado muchos años de mi vida creyendo que los conductores temerarios, las autopistas poco planificadas, la batería del coche agotada y las pastas de dientes sin tapón me irritaban. Asimismo, también lo creía en cuanto a los dependientes sin una formación adecuada y las camareras incompetentes. Ahora me doy cuenta de que esas circunstancias forman parte de la vida. Depende de mí si quiero estar enfadado o mantener la calma; y ahora prefiero estar tranquilo y calmado y dejo que muchos menos enfados interrumpan mi ritmo de vida que hace diez años. De vez en cuando me enfado, pero, cuando lo hago, me doy cuenta de lo que está ocurriendo y dejo que mi rabia se libere.

Recuerdo que hubo un tiempo en el que me sentía culpable por no tener todas las respuestas y no poder solucionar todas las necesidades de cada uno de los padres e hijos que acudían a mi consulta en busca de ayuda. Hoy en día acepto que soy un ser humano y, por lo tanto, soy imperfecto; pero es fácil sucumbir a los sentimientos y conductas autodestructivas, y resistirlas requiere práctica.

Siempre sentirá la tentación de ceder ante estos sentimientos y creerá que tiene unas reacciones espontáneas que son incontrolables. Seguramente se siga sintiendo avergonzado cuando su hijo patalee y chille en público y se sentirá desalentado cuando su hijo traiga suspensos a casa. Sin embargo, usted puede hacer que estos sentimientos mejoren día a día y tiene que aceptar que cierto grado de mala conducta y agravio es parte de la tarea de ser padre. Los niños pueden provocar sentimientos de frustración y desánimo y su mala conducta puede tocarle su parte más sensible pero, cuando esto ocurra, intente tomar medidas preventivas. Diseñe su propio plan de defensa.

Defenderse de los ataques a sus puntos débiles

Algunos padres consideran útil emplear alguna técnica que atenúe su enfado. Váyase a su cuarto durante cinco minutos. Escuche música. Vaya a dar un paseo. Cuente hasta 25. Piense en cosas pacíficas. Prémiese a sí mismo cuando haya superado uno de los ataques a sus puntos débiles.

No espere la perfección de sí mismo durante la primera semana: tenga un objetivo mucho más realista. Si le ha ocurrido que uno de sus hijos le ha tocado la moral, no se rinda, no piense por un momento que ha fracasado; usted es humano, pero no tiene que dejar que la decepción le haga agachar la cabeza. Anímese a sí mismo tal y como lo haría con sus hijos. No se ancle en sus defectos y piense en las veces en que ha sido capaz de mantener el control en situaciones frustrantes. Recuerde todas las veces que ha salido triunfador de la batalla.

Sus debilidades influyen en la forma en que imparte disciplina a sus hijos. Los conflictos se pueden resolver sin enfados, de forma pacífica y, de esta forma, la comunicación será más efectiva y también el castigo. Por eso, debe presentarse ante su hijo como un modelo de autocontrol para que ellos puedan aprender de forma más eficiente.

Puede que tenga que proteger sus debilidades durante semanas hasta que sea capaz de ver los resultados, ya que sus hijos le pondrán a prueba: esa es su forma de actuar. A pesar de que ya no se enfade con ellos, le seguirán poniendo a prueba e intentarán tocarle sus puntos débiles. No permita, aun así, que consigan lo que quieren con sus ataques.

¿Qué ocurre si cede de vez en cuando? ¿Qué ocurre si sigue enfadándose esporádicamente? Seguramente empeore las cosas, ya que estará animando a sus hijos a que le toquen la moral más a menudo, en vez de menos. Por esta razón es tan importante proteger sus debilidades. Sea fuerte y sea consecuente.

Cómo expresar su enfado de manera constructiva

Habrá veces en las que usted se enfadará. Estos enfados ocasionales son normales y no debe sentirse culpable por ello; está bien que sus hijos sepan que, si llegan hasta cierto punto, usted estallará, pero no debería dejar que su enfado afectase a su forma de impartir disciplina.

Muchos padres se enfadan, pero no dicen ni hacen nada sobre ello y la mayoría van aguantando su enfado, lo que es una equivocación. Esta forma de comportarse provoca una reacción que consiste en que la presión y tensión se va acumulando hasta que la persona empieza a temblar y provoca un terremoto; es decir, dejamos que nuestro enfado vaya creciendo y creciendo hasta que no podemos más y sale por algún lado. Esta reacción confunde a nuestros hijos: «Hoy me he peleado otras dos veces más con mi hermano y no ha pasado nada y, en cambio, esta vez mamá actúa como si hubiese matado a alguien».

No debe acumular el enfado, porque cuando al final explote puede ser incontrolable. Deje que vaya saliendo poco a poco y en pequeñas cantidades, diciéndole a su hijo lo que ha hecho, cómo se siente usted al respecto y porqué. «Cuando te peleas así, me enfado porque podríais haceros daños o romper algo.» «Cuando no llamas a casa, me preocupo porque creo que te puede haber pasado algo.»

Resumen

Los niños le tocan su parte más débil y sensible para que usted reaccione de cierta manera. Esperan que usted se enfade y cambie de idea o ceda así que, no deje que los sentimientos saquen su parte sensible a flote, sino que debe tratar las conductas inaceptables por lo que son. De esta forma evitará sentirse culpable y, al mismo tiempo, evitará acumular enfado, hasta la inevitable explosión. Es lo más positivo para su salud mental y también es lo mejor para sus hijos.

¿Cuáles son sus puntos débiles?

Haga una lista de las conductas inadecuadas que le tocan el punto débil. ¿Con qué conductas inapropiadas se enfada o se siente molesto? El siguiente paso es diseñar un plan para proteger sus puntos débiles.

Ejemplo:

Punto débil: Que mis dos hijos se peleen.

Plan: mantener la calma (no enfadarme ni gritar).

Si me enfado, iré a sentarme a mi habitación.

Me calmaré un poco antes de decir algo.

Dejaré que mi enfado salga poco a poco.

No acumularé el enfado hasta que explote.

«Me enfado cuando os peleáis así.»

Subrayar la conducta positiva y centrarme en la colaboración.

Fijarme en las veces en que están de acuerdo.

Punto débil: ⸻⸻⸻⸻⸻⸻

Plan: ⸻⸻⸻⸻⸻⸻⸻

Punto débil: ⸻⸻⸻⸻⸻⸻

Plan: ⸻⸻⸻⸻⸻⸻⸻

16

Imparta castigos que enseñen

En casa de Raúl y Adriana la norma es que se hagan las camas antes de ir al colegio. Si no se hacen, los niños irán a la cama treinta minutos antes de lo habitual. La última vez que Raúl se dejó la cama sin hacer fue hace tres semanas. Adriana deja la cama sin hacer unas cuatro veces a la semana y siempre se va a la cama pronto.

La mayoría de los padres creen que ir a la cama antes de la hora es un buen castigo. Parece un buen plan, si miramos con detenimiento lo que pasa en esta familia. Esta forma de castigo funciona bien con Raul, puesto que el niño intenta evitar el castigo, acordándose de hacer su cama. Ha decidido que quedarse hasta más tarde por la noche es importante.

En cambio, ir a la cama antes de la hora no es un castigo para Adriana. No intenta evitarlo e ir a la cama antes de tiempo no tiene ningún efecto en su conducta, ya que sigue sin hacer la cama. Quizás le guste irse a la cama pronto. ¡A mí, por lo menos, me gusta! Este castigo funciona para Raul, pero no para Adriana, por lo que otro castigo debería impartirse para la niña y debería ser algo que modificase su conducta.

El castigo es una consecuencia negativa y cuando se emplea de forma adecuada, éste elimina o reduce la conducta inapropiada. Aun así, utilizar el castigo de forma correcta es difícil, puesto que requiere ser consecuente. Demasiado castigo podría ser perjudicial, ya que crea sentimientos desagradables y agota las energías. El castigo funciona, pero no es fácil utilizarlo de un modo efectivo. La mayoría de los padres creen que castigar una conducta inapropiada hará que el niño deje de repetir esa conducta: esto a veces es cierto y a veces no lo es.

«¿Cómo castiga a sus hijos?»

«Grito.»

«¿Cómo reaccionan los niños a sus gritos?»

«No reaccionan de ninguna forma. Normalmente me ignoran.»

«¿Y entonces qué sucede?»

«Que me enfado y a veces grito otra vez.»

«¿Y así paran?»

«Bueno, quizás un rato.»

«¿Y qué hace usted después?»

«A veces les doy una azotaina.»

«¿Cuántas veces les tiene que zurrar al día?»

«De ocho a diez veces diarias.»

Cualquier castigo que se usa tan a menudo es que no funciona. La conducta problemática no está mejorando y los niños, ni escuchan los gritos, ni evitan las zurras.

Los buenos castigos son los que se emplean poco

Un buen castigo es aquél que casi nunca se utiliza porque casi nunca se necesita: esta es la regla de oro de los castigos. El castigo debería reducir la necesidad del mismo y debería reducir la conducta problemática y si ésta no cambia es que el castigo no está funcionando. Muchos padres cometen este fallo, ya que se centran en el castigo en vez de en la conducta inapropiada. Si usted tiene que castigar a su hijo de cinco años seis veces al día por la misma conducta inaceptable, entonces el castigo no está funcionando; si usted se aferra al mismo castigo y la mala conducta persiste, éste no es el apropiado. El castigo no es lo más importante, sino la conducta. El castigo sólo es el medio para modificar la mala conducta y, si no lo consigue, debería probar con algo diferente. Puede que usted considere que gritar, amenazar, regañar y azotar sean buenos castigos porque son acciones que liberan su enfado, pero eso no significa que sean buenos castigos. Suelen tener un resultado a corto plazo sobre la conducta inaceptable. El enfado y el castigo no son buenos amigos.

No castigue cuando esté enfadado

Esther volvió a casa a toda prisa para llevar a su perro al veterinario. Cuando abrió la puerta de casa, oyó un ruido dentro de la casa. Estaba a punto de irse a casa de los vecinos y llamar a la policía, cuando, de repente, oyó una risita. Dio un grito y oyó otra risita. Fue a la habitación de su hija de trece años y oyó otra risita: Nadia y dos amigas suyas se habían escondido en el armario. No habían ido al colegio. Esther se enfadó tanto que casi perdió la razón. Sólo podía decir: «Nadia, nos va a llevar algunos días a tu padre y a mí hasta que pensemos un buen castigo para esto». Esther no permitió que su enfado le hiciese ser irracional. Además, dejar que su hija se preocupase un par de días ya era un buen castigo de por sí.

Siempre que imparto un cursillo de disciplina, explico la siguiente idea con mucho cuidado, puesto que para muchos padres resulta bastante chocante. Cuando castiga enfadado, está haciendo dos cosas a la vez: está castigando y está reaccionando enfadado. ¿Qué pasa si su hijo se proponía enfadarle? ¿Qué pasa si su hijo quería vengarse y tomar represalias por algo que pasó antes? Ver que usted está enfadado no es un castigo, ¡es una recompensa! Cuando usted se enfada debido a una conducta indebida, le está enseñando a su hijo a controlar su estado emocional, es decir, le está otorgando poder sobre usted y, para él, es una recompensa. De esta forma, la mala conducta se refuerza, en vez de castigarse. Como resultado, la conducta indebida aumenta; los efectos del castigo se suprimen por la satisfacción de verle enfadado. Algunos niños preferirán un azote en el trasero a cambio del poder que reciben cuando han conseguido enfadarle. La única forma de romper este ciclo de represalias es dejar de castigar enfadado. Si usted se da cuenta de que se está enfadando, márchese y prescinda de su enfado y, a continuación, ataque la mala conducta. No deje que sus hijos toquen su punto débil.

No castigue cuando esté enfadado. Tranquilícese primero. El propósito del castigo es enseñar a sus hijos a comportarse en el futuro, no buscar venganza. A veces sus hijos pueden hacerle enfadar mucho, pero no es el momento adecuado de impartirles un castigo. Recuerdo a un niño que estaba triste porque le habían castigado para siempre; cuando hablé con su padre, me explicó que el niño le había perdido algunas herramientas y que él se había enfadado tanto que le había castigado a no salir de casa durante el resto de su vida. Desde luego se pasó.

Cuando llegamos demasiado lejos suele ser porque estamos enfadados y decimos cosas sin pensar. No se puede castigar a un niño de por vida. Por ello, no es conveniente que castiguemos cuando estamos enfadados porque, de hacerlo, estaremos enseñando a nuestros hijos que el castigo es una especie de venganza.

El propósito del castigo es modificar una conducta indebida y enseñar al niño a tomar mejores decisiones. El castigo es más efectivo cuando está predeterminado y planeado. Por el contrario, el castigo es prácticamente inútil cuando se utiliza como una reacción impulsiva porque, cuando nos enfadamos, estamos actuando como un modelo de conducta negativa y no estamos enseñando a nuestros hijos a tomar mejores decisiones.

Evite castigar con el fin de avergonzar

El castigo no debería avergonzar, humillar o degradar a los niños, sino que debería enseñar a su hijo que la conducta inapropiada no ha sido una buena decisión y que comportarse bien sí que lo es. Cuando un castigo avergüenza a su hijo, crea sentimientos poco sanos. La vergüenza sólo hará que su hijo piense que usted es malvado o injusto, cuando esto ocurre su hijo no aprende a tomar buenas decisiones ni a colaborar; al contrario: seguramente se encerrará en su rabia y enfado y esto puede hacer que el ciclo negativo vuelva a empezar.

No castigue a su hijo delante de otros niños. Lléveselo a parte y, entonces dígale lo que ha hecho mal y cómo será castigado. Hablen, pues, sobre ello más tarde, cuando estén a solas.

Sea consecuente con los castigos

El castigo debe ser impartido consecuentemente. Cuando usted toma la determinación de castigar cierta conducta, debe hacerlo siempre ya que, si sólo lo hace cuando le apetece, no hará más que empeorar el problema. Una vez que le informa a su hijo de que va a ser castigado, debe hacerlo. Debe ser consecuente con los castigos, incluso después de un duro y largo día. Nunca puede dejar pasar una conducta inaceptable; ni siquiera una vez. Muchos padres cometen este error y a los niños les encanta y les motiva ponerle a prueba para ver si les castigará la próxima vez o no.

Ángela quería saber porqué el castigo no tenía ningún resultado con su hijo, Juan. Me explicó: «Lo he intentado todo, pero nada le importa. Nunca hace lo que le digo». Después de una larga conversación, entendí que Ángela castiga a Juan una o dos veces a la semana y el resto del tiempo él hace lo que quiere: Ángela no es consecuente con los castigos. Juan puede manifestar una conducta inapropiada muchas veces al día y sólo será castigado una o dos veces a la semana. Este es un trato que casi todos los niños aceptarían de buena gana, y Ángela y Juan estaban atrapados en este modelo. Ella no quería castigarle consecuentemente porque creía que no funcionaba y él seguía manifestando una mala conducta porque se salía con la suya casi todas las veces, sin recibir siempre un castigo. Ángela diseñó un plan para utilizar la «respuesta positiva» junto con el castigo. El plan se centraba en la colaboración y en la buena toma de decisiones; al mismo tiempo, empleaba pequeños castigos, pero de forma consecuente. Cuando la conducta de Ángela mejoró, la conducta de Juan experimentó la misma mejoría.

Sea razonable

El castigo debe ser razonable. Los castigos sencillos y de corta duración suelen ser más efectivos que los castigos severos. Reaccione de forma apropiada de acuerdo con la gravedad de la conducta indebida, ya que no estaría bien que le impusiese restricciones durante todo un mes a su hijo sencillamente porque no se acabó de comer la verdura.

Un castigo apropiado en este caso sería dejarle sin postre. Cuando los castigos son razonables, los niños aprenden que la conducta es importante.

Los castigos deberían imponerse en cuanto se ha producido la conducta inapropiada. Cuanto antes se imponga el castigo, más efectivo será, sobre todo si se trata de niños pequeños. La única excepción a la regla se produce cuando estamos enfadados: no castigue a su hijo en momentos de rabia; espere hasta que se haya tranquilizado, tal y como hizo Esther cuando descubrió que Nadia no había ido al colegio. Usted podría decir mientras tanto «Recibirás un castigo por esto, pero primero me tengo que tranquilizar».

Cuando las conductas problemáticas son recurrentes, los castigos sólo deberían aplicarse después de haberlo intentado con diferentes remedios positivos. La mayoría de los adultos enseguida piensan en castigar, ya que creen que la manera para acabar con una conducta indeseada es castigar. Sin embargo, se puede mejorar una conducta negativa utilizando la «respuesta positiva» para reforzar la conducta opuesta. Si sus dos hijos se pelean constantemente: «Si no dejáis de pelearos os quedaréis en casa el fin de semana». En vez castigar, destaque la conducta opuesta: lo contrario de pelearse es colaborar. Por lo tanto, debería utilizar palabras de ánimo y la «respuesta positiva» cuando los niños colaboran y comparten las cosas: «Me gusta ver que os divertís juntos. Deberíais estar orgullosos de vosotros mismos por compartir el ordenador». Recurrir inmediatamente al castigo suele ser una trampa en la que caen muchos padres. A nadie le gusta castigar y una forma para salir de esa encerrona es centrarse en la conducta positiva.

Su turno

Ana no entiende porqué Esteban no se comporta bien. Ana quiere ser más positiva, pero a menudo se le olvida. Esteban es un niño muy activo y, por eso, toca cosas que no debería. Siempre que Esteban no le hace caso, Ana se enfada, se siente frustrada y acaba gritando y azotándole. Parece que nada funciona con el niño. ¿Qué podría hacer Ana para modificar esta conducta inapropiada?

Resumen

Ana necesita darse cuenta de que su forma de castigar no funciona. Esteban ha desarrollado inmunidad a los gritos y a los azotes y su conducta negativa no mejora. Ana necesita controlarse, puesto que enfadarse y sentirse frustrada no hace más que agravar la situación. Puede que incluso sus enfados sean una recompensa para Esteban. Sobre todo, Ana debería fijarse en la conducta positiva, ya que la herramienta más poderosa es la «respuesta positiva».

El castigo funciona, pero no es fácil de utilizar. La «respuesta positiva», en cambio, es mucho más fácil de poner en práctica y también más divertida, ya que crea una motivación interna en el niño. Le enseña autodisciplina y fomenta una atmósfera familiar sana y agradable. Los padres que saben impartir disciplina a sus hijos resaltan la respuesta positiva. Además, esta técnica, la extinción y el castigo ya se utilizan normalmente, seamos o no conscientes de ello. La clave para utilizarlos de forma apropiada es ser conscientes de estos principios y utilizarlos a nuestro favor.

Los padres que sólo quieren controlar la conducta negativa impartirán castigos, pero los que además quieren que sus hijos colaboren utilizarán una combinación de «respuesta positiva», extinción y una cantidad mínima de castigo. Si se centra en lo positivo, sólo necesitará una pequeña dosis de castigo.

Las cuatro páginas siguientes están diseñadas para colgarse en la nevera (haga una fotocopia y cuélguelas en la nevera). La primera página es una lista de preguntas que usted debería plantearse sobre la forma en que imparte castigo a sus hijos. La segunda página es un resumen de las estrategias que pueden reforzar o debilitar la conducta y las dos últimas son una comparación entre la «respuesta positiva» y el castigo. Muchos padres me han dicho que revisar de vez en cuando estas páginas les ayuda mucho a centrarse en lo positivo. Espero que a usted también le sean de ayuda.

A continuación presentamos diez preguntas que debe hacerse a sí mismo sobre la forma en que emplea el castigo.

1. ¿Enseñará este castigo a mi hijo a tomar mejores decisiones?

2. ¿Modifica este castigo su conducta indebida?

3. ¿Reduce este castigo la necesidad de castigar?

4. ¿Estoy enfadado cuando castigo?

5. ¿Forma este castigo parte de un plan? ¿O lo imparto de forma impulsiva?

6. ¿Estoy buscando venganza? ¿Avergonzará o humillará este castigo a mi hijo?

7. ¿Estoy siendo consecuente?

8. ¿Cumpliré mis amenazas inmediatamente (excepto si estoy enfadado)?

9. ¿Es este castigo justo y razonable?

10. ¿He intentado algún remedio positivo antes?

Cómo reforzar o debilitar una conducta

Para reforzar una conducta positiva:

Emplee la «respuesta positiva».

Ejemplos:

Cuando sus hijos manifiestan una buena conducta, hágaselo saber agradeciéndoselo. Cuando observe que sus hijos están compartiendo algo, dígales que deberían estar orgullosos de sí mismos.

Para debilitar la conducta negativa:

1. Utilice la «respuesta positiva» para reforzar la conducta contraria.

Ejemplos:

Si quiere reducir las peleas entre sus dos hijos, destaque su conducta cuando no se están peleando.

Si sus hijos muestran una actitud negativa, recompense todo lo positivo.

2. Emplee la extinción para eliminar cualquier recompensa a las conductas indebidas.

Ejemplos:

No ceda ante las exigencias de sus hijos.

Ignore a sus hijos cuando intentan llamar su atención de forma negativa.

3. Implemente castigos

Ejemplos:

Un niño que vuelve tarde a casa no podrá salir al día siguiente.

Un niño que no hace sus obligaciones domésticas pierde el derecho a parte de sus concesiones.

Una comparación entre la «respuesta positiva» y el castigo

La «respuesta positiva» hace que tanto el que destaca la conducta, como el que recibe el halago, se sienta bien.	El castigo crea sentimientos desagradables que, a menudo, desembocan en enfado.
La «respuesta positiva» subraya la buena conducta y enseña a los niños a pensar por sí mismos.	El castigo centra la atención en la conducta indebida.
La «respuesta positiva» aumenta la motivación.	El castigo puede repercutir de forma negativa en la motivación.
La «respuesta positiva» crea sentimientos de éxito.	El castigo puede provocar que los niños se sientan fracasados.
La «respuesta positiva» aumenta la autoestima del niño.	El castigo puede tener consecuencias negativas en la autoestima.
La «respuesta positiva» aporta confianza al niño.	El castigo debilita la confianza que el niño tiene depositada en sí mismo.
La «respuesta positiva» le enseña a creer en sus decisiones.	El castigo no enseña al niño a tener confianza en sí mismo. A menudo le infunde miedo.
La «respuesta positiva» motiva a los niños a perseguir sus objetivos.	El castigo puede provocar que los niños se sientan desalentados. «¿Intentarlo? Para qué, si siempre me meto en líos de todas formas.»

Una comparación entre la «respuesta positiva» y el castigo

(continuación)

La «respuesta positiva» desarrolla responsabilidad. «Cuando tomo buenas decisiones, me siento bien.»	El castigo a menudo enseña a los niños a evadir la responsabilidad por sus acciones.
La «respuesta positiva» promueve unas relaciones familiares sanas.	El castigo puede alejar a los miembros de la familia.
La «respuesta positiva» anima al niño a hablar con sus padres.	El castigo desanima a los niños a hablar con sus padres.
La «respuesta positiva» enseña a los niños a ser positivos con los demás.	El castigo agresivo enseña a los niños a manifestar una conducta agresiva frente a los demás.
La «respuesta positiva» es fácil de usar eficientemente.	El castigo es difícil de utilizar.

17

Cómo castigar a sus hijos sin castigarse a sí mismo

Era un día de fiesta por la tarde. Habíamos planeado ir más tarde a la demostración de fuegos artificiales. Nuestros hijos estaban peleándose más de lo habitual. Les amenacé, esperando que se tranquilizasen: «Si no dejáis de pelearos, no iremos a los fuegos artificiales». Fue una amenaza un poco tonta, porque si ellos no iban nosotros tampoco podíamos ir: eran casi las cinco de la tarde y, a esas horas, es imposible encontrar una niñera ya que todos los adolescentes que podrían estar disponibles del pueblo iban a ir a ver los fuegos artificiales. Mis hijos no dejaron de pelearse y no pudimos ir. De esta forma, además de castigarlos a ellos, nosotros también recibimos el castigo.

Un castigo más apropiado hubiese sido separarles cuando empezasen a discutir y hacer que jugasen solos, pero no lo pensé bien. Me enfadé e hice sin pensar una amenaza que acabó perjudicándome más que las peleas de mis hijos. Piense detenidamente sus palabras antes de pronunciarlas porque el enfado le puede poner en situaciones problemáticas; piense en cómo le afectará a usted y al resto de la familia el castigo. ¿Me influirá negativamente en algo el castigo? Si tiene un hijo al que le gusta controlarle a usted o al resto de la familia, elija sus castigos con detenimiento y asegúrese de que el castigo sólo le afecta a él. No diga: «No nos iremos hasta que hayas recogido tu habitación». Si ustedes van a un sitio al que el niño también quiere ir, puede que esta amenaza funcione, pero, si no es el caso, está poniendo en manos del niño mucho poder: nadie de la familia podrá marcharse hasta que la habitación esté libre. De esta forma, le ha otorgado a su hijo el control sobre todos los miembros de la familia. ¿A quién está castigando así?

¿Qué puede hacer con su hijo si no ha realizado su tarea y usted le ha prohibido salir con el resto de la familia? Búsquese una niñera y ustedes váyanse y diviértanse; incluso puede hacer que su hijo pague parte o la totalidad del coste de la niñera. De esta forma, el niño aprenderá que su mala conducta no ha impedido que el resto de la familia se divierta. Elija castigos que molesten a su hijo, pero que no le influyan a usted. El resto de sus hijos también estarán aprendiendo la lección: la mala conducta sólo tiene repercusiones negativas para el que la ha manifestado.

Los padres a menudo se preguntan cómo poder restringir el ver la televisión a uno de los hijos; si apagan el televisor, los otros niños también estarán siendo castigados y es cierto. Entonces, no apague el televisor porque uno de los niños tenga prohibido verla: vean la televisión como de costumbre y hagan que el niño castigado se vaya a otro cuarto. Ese es el castigo apropiado. De la otra forma, si nadie puede ver la televisión porque un niño está castigado, le está otorgando al hijo que ha manifestado una conducta inapropiada el control sobre toda la familia. ¿A quién se castiga de esta manera?

Emplee castigos que sean fáciles de poner en práctica

Elija castigos que sepa que van a ser fáciles de aplicar. Así, se asegura de que podrá ser consecuente. Si un castigo implica inconvenientes o es laborioso, usted no será tan consecuente. Un padre me contó que siempre que su hijo desobedecía, le cerraba la consola de vídeojuegos bajo llave durante tres horas.

«¿Cuántas veces cierra la consola bajo llave?»

«Una o dos veces a la semana.»

«¿Obedece su hijo el resto de los días?»

«Si lo hiciese, ¿estaría ahora mismo hablando con usted?»

«Entonces, ¿por qué no cierra la consola bajo llave cada vez que desobedece?»

«Si lo hiciese cada vez que no hace lo que tiene que hacer, tendría que cerrar bajo llave el maldito juego diez veces al día.»

«¿Y por qué no lo hace?»

«Porque estaría todo el día enchufando y desenchufando todos esos cables y enchufes.»

El padre está utilizando un castigo que conlleva inconvenientes y por este motivo no es consecuente. Por eso, su hijo no aprende a obedecer, ya que puede desobedecer tanto como quiera dado que sólo cierran la consola bajo llave una o dos veces a la semana. El padre había identificado un castigo efectivo: retirarle la consola de videojuegos, pero también necesita ser consecuente: tiene que cerrar bajo llave el juego cada vez que desobedece y, si los cables del aparato hacen que este castigo sea inconveniente, el padre necesita encontrar otra forma efectiva para impartir el castigo.

Explique el castigo

Explíquele a su hijo la razón del castigo. Cuando le explica el porqué, aumenta la colaboración y el entendimiento de su hijo. Explíquele que está de su parte, que no es su enemigo, pero que tiene que intentar ayudarle para que en el futuro sepa tomar mejores decisiones.

> «No intento hacerte daño o que te enfades. Te voy a castigar porque has hecho una mala elección sobre tu conducta. Yo quiero que aprendas de tu error para que pienses diferente la próxima vez. No quiero que creas que sólo intento amargarte, sino que todo cuanto hago es ayudarte.»

Explíquele que no intenta vengarse e ignore comentarios irritantes como «Sí, claro, y quieres que me crea que lo estás haciendo por mí. ¡Seguro!». Explíqueselo sólo una vez, no caiga en la trampa de repetírselo o tenerle que dar largas explicaciones.

Emplee castigos que sean realistas

Seleccione castigos que se correspondan con la mala conducta y que sean realistas: un niño que lo deja todo revuelto, tendrá que ordenarlo; un niño que se hace pipí en la nevera tendrá que limpiar la nevera; un niño que rompe algo tendrá que arreglarlo o realizar ciertas tareas que equivalgan al valor del objeto; un niño que llega a casa tarde, no debería salir al día siguiente; un niño que no deja su ropa sucia en el cesto debería hacer él mismo su colada ya que, si sabe como funciona un reproductor de CD, un vídeo y un ordenador seguro que puede aprender cómo funciona la lavadora. Estos ejemplos ilustran castigos reales y vinculados a la conducta desviada. Tienen sentido para su hijo y le enseñan una lección.

Algunos niños pueden incluso elegir su propio castigo. Así aprenden más rápido y les demuestra que usted está intentando ser justo. Además, les estará animando a ser maduros y responsables.

«Tu conducta ha sido muy buena hasta que ha ocurrido este incidente. Voy a confiar en ti y te voy a dejar elegir tu propio castigo para esta conducta indebida. Sé que serás justo. Ya me dirás lo que has decidido.»

Más grande no equivale a mejor

Los castigos moderados tienden a ser más productivos que los duros. No pierda nunca la perspectiva y no apunte a su hijo con un cañón para que cuelgue las toallas tras una ducha, porque los castigos que duran poco tiempo y que son moderados les enseñan mejor la lección. En cambio, los largos suelen crear sentimientos de enfado o venganza. Cuando su hijo se siente enfadado, no aprende mucho y lo mismo ocurre cuando cree que el castigo ha sido injusto. Ambos sentimientos pueden conducir al inicio de un círculo negativo: usted castiga, su hijo se enfada y toma represalias en contra suya volviendo a repetir la mala conducta, quizás peor que la primera vez, y usted vuelve a castigarle, quizás de forma más severa, para salirse con la suya esta vez. Su hijo se enfada y toma represalias contra usted volviendo a repetir la mala conducta otra vez. Se han dado casos de familias que he tratado que seguían castigando a su hijo por cosas que habían hecho hacía meses.

«¿Desde cuando estás castigado?»

«Desde principios del pasado semestre.»

«¿Cuándo fue eso?»

«Hará unos cinco meses.»

«¿En que consiste el castigo? ¿Qué te han prohibido?»

«Todo. No puedo quedar ni ver a mis amigos, no puedo ver la televisión, no puedo hacer llamadas de teléfono y tampoco escuchar música. No puedo hacer nada. Mis padres quieren que me siente en mi cuarto todas las noches y que estudie.»

«¿Y es eso lo que haces?»

«No, salgo a hurtadillas por la ventana cuando ya se han ido a la cama.»

«¿Por qué se enfadaron tanto tus padres para castigarte durante cinco meses?»

«Bueno, al principio no me castigaron durante cinco meses.»

«¿Qué quieres decir?»

«El primer castigo fue no llamar por teléfono en un mes.»

«¿Y qué ocurrió?»

«Pensé que no era justo, así que utilicé el teléfono cuando no me veían.»

«¿Y..?»

«Me pillaron.»

«Y entonces tus padres prolongaron el castigo.»

«Me castigaron durante dos meses y me prohibieron traer amigos a casa.»

«¿Pensaste que era justo?»

«¡Sólo había utilizado el teléfono! No había sido justo ni siquiera la primera vez.»

«Bueno, creo que ya conozco el resto de la historia.»

«La situación ha ido de mal en peor.»

«¿Crees que ha valido la pena estar castigado casi todo tu segundo año de instituto?»

«Pues no, pero ahora ya no voy a dar mi brazo a torcer.»

Emplee las restricciones de forma constructiva

La restricción es un castigo efectivo para los niños y adolescentes, y el castigo, una forma de restricción. Ésta significa una pérdida de uno o más privilegios durante un periodo determinado de tiempo. Usted deberá determinar qué privilegio se deberá retirar. A modo de ejemplo, podemos citar eliminar el tiempo de televisión, ir a la cama más temprano, no quedar con los amigos, prohibir llamar por teléfono, jugar con la consola de videojuegos o retirar una concesión. Elija una restricción que sepa de antemano que será fácil de poner en práctica y que sólo afectará al infractor.

Utilizar la restricción debido a una mala conducta es una forma muy común de castigar. Desgraciadamente, pocos padres saben utilizar este método de manera efectiva y la mayoría empiezan estableciendo un periodo demasiado largo y, como adultos, solemos olvidar que una semana o dos pueden parecer una eternidad para un niño. Los largos periodos de restricción suelen desembocar en riñas, resentimientos o enfados. Si establece largos periodos de restricción el tiro puede salirle por la culata, ya que sus hijos pueden sentirse acosados o creer que usted les está presionando demasiado. Todo esto podría dar lugar a sentimientos vengativos que podrían iniciar un círculo de represalias. Existe un problema añadido a la restricción que consiste en que la mayoría de los niños a los que se le implican las restricciones sienten que no hay ninguna esperanza y, sin esperanza, no quedan demasiadas razones para manifestar una buena conducta. «¿Por qué tengo que comportarme? De todas formas no me van a dejar salir durante una semana.» Siguiendo este razonamiento, el niño decide que si él no puede hacer lo que le gusta, todos los demás deberían fastidiarse también. Pero existe una solución a este problema.

Si decide imponer una restricción a su hijo, escoja un número de días par. Por ejemplo, 4, 6, 8 ó 12 días, según la gravedad de la ofensa y la edad del niño; doce días suele ser el máximo para que resulte efectivo, ya que con un periodo de tiempo más largo se correría el riesgo de que se empezase un círculo de represalias. El siguiente paso es explicar que cada buen día que tenga hará que se elimine un día del periodo de restricción: supongamos que usted le ha impuesto a su hijo una restricción de 6 días, de miércoles a lunes; si su hijo ha tenido un buen día el miércoles, la restricción sólo durará hasta el domingo; si el jueves vuelve a tener un buen día, entonces la restricción sólo será hasta el sábado; y si las cosas siguen yendo bien el viernes, éste será el último día de la restricción. Puede dibujar incluso una tabla o un calendario para que su hijo vaya tachando los días y pueda observar su progreso.

Esta técnica funciona extraordinariamente bien, ya que deja que su hijo sepa que usted quiere ser justo con él, incluso negociando. También deja que sepa que usted espera que su conducta mejore, a pesar de haberle impuesto ciertas restricciones, éstas no significan que tenga licencia para no colaborar. Lo más importante es que esta técnica aporta a su hijo un fuerte incentivo para manifestar una buena conducta lo antes posible, en vez de estar rondando por la casa con la cabeza gacha durante una semana.

El éxito de esta estrategia dependerá de lo bien que defina un buen día. A continuación tiene que ser consecuente con sus palabras. Suele ser bastante útil escribir cómo usted quiere que su hijo se comporte.

Reglas para eliminar un día de restricción:

Haz lo que se te pide.

Habla en tono agradable.

Sé amable y educado con tu hermana.

Asegúrese de que un buen día significa verdaderamente un buen día. No elimine un día a no ser que se lo haya merecido. Si elimina los días con mucha facilidad, estará suprimiendo el propósito de esta técnica, que es que, a pesar de que su hijo tenga ciertas restricciones, se puede seguir esforzando para ganarse actividades extras; por ejemplo, su hijo puede tener prohibido utilizar el teléfono, pero puede ganarse un contrato para comprarse un nuevo CD. He trabajado con profesores de guardería que han modificado esta técnica, al cambiarla por restricciones de minutos. Cuando un niño no utiliza un muñeco como es debido, el niño tiene prohibido tocar ese juguete durante diez minutos. Si muestra una buena conducta, puede reducir la restricción cinco minutos.

Resumen

Escoja castigos que afecten a su hijo, pero a nadie más, y que puedan implementarse con facilidad. De esta forma le será más sencillo ser consecuente. Seleccione castigos que sean relevantes para la conducta desviada. Los castigos moderados son más efectivos. Utilice la restricción de forma apropiada y no castigue cuando esté enfadado; el propósito del castigo es enseñar, en vez de buscar venganza. Practique estos consejos y pronto será capaz de castigar a sus hijos sin castigarse a sí mismo.

18

Dar azotainas

«Mis hijos nunca hacen caso a nada de lo que digo.»

«¿Y qué hace?»

«Les doy una azotaina, aunque sé que no está bien. Siempre que me enfado y les zurro después me siento mal conmigo mismo. No puedo seguir así. Tiene que haber otra forma de solucionarlo.»

Alrededor del 10% de los padres zurran a sus hijos y creen que no hay nada malo en hacerlo. Existe un 20%, en cambio, que afirman que nunca han puesto una mano sobre sus hijos y un 70% que les dan una azotaina de vez en cuando, pero les gustaría no tener que hacerlo. Esta última frase es muy significativa, puesto que muchos padres desearían encontrar una manera mejor para castigar a sus hijos; les gustaría controlar la conducta indebida de sus hijos sin tener que enfadarse y propinarles azotainas.

¿Da resultado pegar a los hijos? ¿Tiene algún efecto negativo? No hay respuestas exactas a estas preguntas e incluso los expertos muestran desacuerdo sobre el valor y la eficacia de darlas. Alguna gente sostiene que son efectivas, mientras que otra afirma lo contrario. No es de extrañar que haya tantos padres confundidos sobre esta acción. Desde luego, el zurrar a un niño es un castigo, pero ¿es una forma aceptable de castigo? Usted debe ser el que decida la respuesta. Este capítulo le permitirá evaluar la práctica de propinar azotainas. La primera parte de este capítulo explica los riesgos y los peligros asociados a este acto. El resto presenta tres maneras en las que los padres pueden decidir emplear las azotainas y las precauciones que deberían tomar.

Qué ocurre cuando usted da azotainas

Un azote suele hacer que la conducta indebida del niño cese. Cuando esta conducta deja de manifestarse, el padre se siente recompensado y aprende que dar azotes funciona. Una azotaina puede resultar en una conducta positiva al igual que una piruleta puede ser el precio a pagar por un poco de paz y tranquilidad en el supermercado. Utilizar una piruleta para calmar un berrinche es una solución temporal y, si quiere que funcione a largo plazo, tendrá que darle muchas piruletas a su hijo: propinar azotes también es una solución temporal.

Un niño que ha recibido un par de azotes normalmente se tranquilizará y mostrará una buena conducta, pero, al cabo de un rato, su primera conducta resurgirá y el padre le volverá a pegar porque parece que este acto había funcionado la primera vez. El niño será bueno durante un rato más pero después, volverá a manifestar una conducta inaceptable y el padre le volverá a propinar unos azotes y así sucesivamente. Muchos padres se encuentran atrapados en esta pauta de conducta.

Este tipo ocurre cuando las azotainas permiten un control externo de los niños, pero no les anima a tomar decisiones responsables ni promueve una toma de decisiones por sí mismos, sino que les enseña a comportarse «o sino...». Los niños que suelen recibir bastantes azotainas no aprenden a autocontrolarse. Un niño de ocho años me contó que podía comportarse tan mal como quisiese todo el tiempo que quisiese y que «mamá me pega cuando es demasiado y debo parar».

Los azotes no son un buen castigo porque sólo duran unos segundos y después ya está. La mayoría de los niños preferirían una zurra a perder un privilegio especial durante varios días: la zurra se acaba en unos minutos y enseguida están listos para volver a hacer de las suyas. La mayor parte de los niños creen que, una vez que se les ha zurrado, todo está igualado: «estamos empatados». De esta forma, las azotainas hacen que la mayoría de los niños se centren en el castigo en vez de en la decisión errónea que tomaron.

Los problemas suelen surgir en familias en las que uno de los padres zurra y el otro no lo hace. Esto podría hacer que los niños intentasen evitar al padre que les da azotainas y podría ser negativo para el desarrollo normal de la relación padre-hijo, ya que los niños ven al que no pega como un padre que no sabe controlar la situación y su conducta seguirá siendo desviada cuando están con él o con ella. Los niños evitan al padre que propina zurras y ven al padre que no lo hace como una persona débil. Por ello, ambos padres salen perdiendo.

Las azotainas pueden tener efectos secundarios porque resultan muy bochornosas, y una situación embarazosa hace que los niños se enfaden o piensen en vengarse, aunque casi nunca les enseña a pensar cómo podrían haber tomado una decisión más apropiada. Por lo tanto, las azotainas pueden influir en la actitud del niño y está demostrado que los niños que reciben azotes con frecuencia suelen ser más inseguros; no tienen confianza en sí mismos: «Si hago algo malo, me pegarán». Muchos niños que reciben azotes tienen una autoestima baja y se dan por vencidos con facilidad o, por el contrario, se vuelvan violentos, hiperactivos y agresivos.

Tres formas en las que los padres utilizan las azotainas

EL MÉTODO IMPULSIVO

Existen tres formas en las que los padres pueden utilizar las azotainas para castigar a sus hijos, el método impulsivo, el método enfadado y el método planificado. El método impulsivo también se conoce como «el que dura todo el día». Una madre una vez me dijo: «Le pego, le vuelvo a pegar y después otra vez y otra y otra más, y sigue sin escucharme». El niño no le escuchaba porque para él las azotainas habían dejado de tener sentido.

Este método es el más utilizado con los niños pequeños. Los padres casi nunca suelen pegar muy fuerte; normalmente cogen al niño con una mano y le sacuden con la otra. La azotaina casi siempre es un acto automático o reflejo. El niño lloriquea y enseguida sigue jugando. Dicho método también se conoce como el «síndrome de la peluquería»: muchas veces hemos visto que los padres azotan a sus hijos cinco o más veces, durante los 30 minutos de espera en la peluquería hasta que le llega el turno.

Muchos padres utilizan una técnica que se llama «pegar al niño en la mano». A los niños les gusta experimentar y por eso tocan las cosas, para ver qué pasa. Cuando tocan algo que no deberían haber tocado, reciben un azote en la mano. Pero estos azotes no enseñan: lo que los padres deberían hacer es explicar porqué un objeto no se debe tocar e intentar apartar al niño o el objeto. Sus hijos copian su conducta y cuando usted les propina un azote, aprenden a hacerlo ellos también.

El método impulsivo no tiene un efecto duradero en la conducta inaceptable del niño. Después de recibir una docena de azotes en el trasero, el azote por sí mismo pierde todo su significado. Para estos padres, zurrar es una reacción continua y no saben cómo emplear otra alternativa; creen que zurrar es lo más adecuado cuando el niño presenta una conducta inapropiada. «Es la única forma de que se comporte.» Creen que están haciendo lo correcto para lograr ser buenos padres.

¿Aprenden algo los niños del método impulsivo? Nada que pueda ayudarles a tomar mejores decisiones. La mayoría de las veces las azotainas dependen del estado anímico de los padres: si un día está malhumorado, los niños pueden recibir azotainas por cualquier cosa que hagan; si, por el contrario, está más tolerante, sus hijos podrían salirse con la suya incluso si cometiesen un asesinato. Esta incoherencia confunde a los niños: «ayer hice lo mismo y no pasó nada y hoy me dan una azotaina». De esta forma los niños aprenden a ser pícaros y hacer las cosas a su espalda, pero no aprenden a diferenciar el bien del mal, ni a tomar mejores decisiones.

Los niños que son impulsivos y que reciben azotainas con frecuencia creen que pegar es algo normal en su vida. Por eso, cuando otro niño hace algo que no le gusta, le pegan. Esto puede llegar a ser un problema entre hermanos, en el colegio y con compañeros de juego. Cuando los niños se pegan los unos a los otros, se meten en líos y eso les confunde ya que no entienden porqué cuando los adultos les pegan está bien, pero cuando se pegan entre niños no lo está.

Los niños que a menudo reciben azotainas creen que todo lo que hacen está mal y esto provoca que tengan una autoestima baja y falta de confianza en sí mismos. El objetivo de impartir una buena disciplina es enseñar a nuestros hijos a tomar decisiones responsables. Las azotainas frecuentes, en cambio, no favorecen esta visión porque enseñan a los niños a tener un control sobre sí mismos deficiente y eso se debe principalmente a que actúan guiados por el temor: Si no se comportan bien, recibirán una azotaina. Por eso, cuando los padres no están cerca para poderles imponer este control externo, el niño está totalmente descontrolado.

El método impulsivo no resulta un castigo efectivo porque no reduce la necesidad de azotainas en el futuro, sino que perpetúa esta necesidad. Las zurras frecuentes llevan a la imitación de este conducta y pueden ser reactivas. Los padres que utilizan el método impulsivo casi nunca emplean otros remedios positivos para intentar modificar la conducta problemática.

EL MÉTODO DEL ENFADO

La segunda forma en que los padres emplean las azotainas es el método del enfado. Este método es el más común y también el más peligroso. Cuando usted se enfada y azota a un niño, una cadena de problemas derivan de esta acción: en primer lugar, está enseñando a su hijo a «tocar su punto débil», y así aprende que manifestando una conducta inaceptable puede tener control sobre usted. Azotar cuando se está enfadado es impulsivo porque siempre tiene una reacción. Cuando sucede, usted puede pasarse de la raya y puede hacer daño a su hijo.

Cuando azota enfadado, crea fuertes sentimientos negativos, tanto en usted y en su hijo, como en el resto de la familia; y estos sentimientos pueden dañar la autoestima del niño. Hay muchos que empiezan a temer a sus padres e incluso a desconfiar de ellos, lo que desemboca en una falta de confianza en sí mismos.

Azotar enfadado enseña a sus hijos a ser agresivos cuando están enfadados; les enseña que cuando están enfadados no tienen porqué controlarse, puesto que usted no lo hace. Azotarles cuando está enfadado, no enseña a sus hijos a tomar mejores decisiones.

Cuando usted da una zurra estando enfadado, a veces está siendo vengativo, ya que ha dejado que su frustración haya ido aumentando hasta que la ha dejado explotar. Entonces intenta castigar a su hijo vengándose, a veces humillándole o avergonzándole y, de esta forma, los niños aprenden que son una fuente de frustración para usted.

Si su enfado le ha llevado a repetir las azotainas, muéstrese determinado a acabar con este círculo. Para ello necesitará mucho autocontrol y reflexión sobre las cosas, pero es un hábito que merece la pena modificar.

El método planificado

La tercera forma en la que algunos padres emplean las azotainas es el método planificado. Este método consiste en que usted, por anticipado, le explique a su hijo que ciertas conductas inapropiadas tienen como represalia un azote; por ejemplo «si dices palabrotas, serás castigado con un azote». Si su hijo dice palabrotas, de forma tranquila usted le propina un azote. La palabra clave en esta última frase es «de forma tranquila», ya que de no mantener la calma estará utilizando el método del enfado. El método planificado también se conoce como «esto me duele más a mí que a ti».

Cuando utiliza las azotainas como parte de un plan global son más efectivas que cuando las da de forma impulsiva. Sin embargo, debe considerar los siguientes factores antes de utilizar el método planificado: no hay ninguna evidencia que demuestre que las azotainas planificadas enseñen a los niños a ser más responsables; además, las azotainas planificadas también resultan en conducta agresiva. Si usted decide dar azotes, puede que se enerve mientras los propina. Puede que esté utilizando las azotainas de una forma poco consecuente, dependiendo de su estado de ánimo o de sus sentimientos de culpabilidad, y ser poco consecuente no hace más que empeorar el problema. Muchos padres olvidan que un plan también debería incluir soluciones positivas; recuerdan usar las azotainas como castigo, pero dejan de lado la planificación de estrategias positivas, olvidando pues que el plan debería subrayar lo positivo en vez de lo negativo.

Nunca he conocido a un profesional que aprobase el método impulsivo o del enfado, aunque existen profesionales que aprueban las azotainas planificadas. Si le va a dedicar tiempo y energía para diseñar un plan, ¿por qué no diseñar un plan que sea positivo? Desarrolle un plan que emplee otras formas de castigo, como la restricción o reducción del tiempo de diversión.

Resumen

Usted puede criar a niños bien disciplinados sin necesidad de recurrir a las azotainas. Puede que sea un buen método para aliviar su enfado o frustración, pero es tan sólo una solución temporal que no enseña al niño qué es la responsabilidad. Este capítulo ha presentado distintas razones que demuestran que las azotainas tienen más perjuicios que ventajas. Si, aun así, decide ponerlas en práctica, use el método planificado: utilice un plan que destaque lo positivo, que le permita mantener el autocontrol y que dé buenos resultados.

19

Corregir la conducta inapropiada mediante el tiempo muerto

Judith tenía veintidós años, pero parecía mucho mayor. Tenía ya cuatro hijos, la mayor tenía seis años, y estaba embarazada de cinco meses. No tenía tiempo para ella; su voz sonaba fatigada y su hijo de cuatro años, Ramiro, la estaba volviendo loca. No había forma de controlar sus berrinches y exigencias. Con lágrimas de desesperación, me explicó qué hacía la mayoría del tiempo: «Todo cuanto hago es gritar, pero él nunca hace nada de lo que le digo. No hace más que corretear por la casa haciendo travesuras. No tengo tiempo para dedicarme a mis otros hijos por su culpa. Tengo que hacer algo antes de que nazca esta otra criatura». Después de aprender sobre la técnica del tiempo muerto, Judith supo que tenía un arma en sus manos que funcionaría.

Judith se fue a casa y se preparó para actuar. A la mañana siguiente Ramiro empezó como de costumbre: primero se negó a sentarse a desayunar en la mesa; Judith le puso en una sala aparte en tiempo muerto y le dijo que se quedase allí cinco minutos callado y que entonces podría salir con los demás. Ramiro se negó a estar callado; gritó, chilló, lloró e hizo todo lo que un niño de cuatro años enrabiado puede hacer. Estuvo en tiempo muerto durante una hora y media. Judith no cedió y mantuvo la tranquilidad, sabiendo ser consecuente. Al final, se sentó tranquilo durante cinco minutos, Judith le dejó salir y pudo tomar su desayuno. Eran las 10 en punto.

La segunda lucha de Judith ocurrió poco después del mediodía: Ramiro se negó a bajar el volumen del televisor cuando se lo ordenó su madre, así que Judith decidió dejarle en una habitación sólo en tiempo muerto. Esta vez su resistencia fue menor, y su determinación no era tan fuerte, por lo que su berrinche fue menos violento. Sólo estuvo en tiempo muerto durante veinte minutos.

Judith utilizó esta técnica en varias ocasiones esa primera semana. Cada vez le parecía más sencillo utilizar este método. Creía en el tiempo muerto y éste, a su vez, le devolvía progresivamente la confianza en sí misma. Su hijo cada vez se mostraba menos rebelde y en dos semanas ya le hacía caso: Judith consiguió poner control sin tener que recurrir a los chillidos y las persecuciones.

El tiempo muerto es efectivo. Es un sustituto de los gritos, las regañinas, las amenazas y las azotainas. Impide que su hijo se vea tentado a tocarle su punto débil. El tiempo muerto consiste en situar a su hijo en un lugar aburrido durante unos minutos; allí estará apartado de los demás y, por lo tanto, apartado de la diversión. De esta forma, el tiempo muerto sería el equivalente del tiempo alejado de todo lo positivo. El impedirle que realice cualquier tipo de actividad es el castigo.

Laura, una niña de tres años, siempre quería atrasar el momento de irse a la cama. En cuanto Diana mencionaba que era la hora de irse a dormir, Laura empezaba a gritar y en seguida lloraba y berrincheaba. Había una lucha de pijamas cada noche y, después de esto, se sucedían las exigencias y protestas: «¿Me podrías traer agua?», «¿Me cuentas un cuento?», «Pasa algo raro con mi almohada»... Diana creía que estas luchas que ocurrían a la hora de irse a dormir no estaban provocadas por ningún miedo. Estaba convencida de que Laura sólo quería poder y control.

Diana utilizaba el tiempo muerto para conseguir que Laura se fuese a la cama. Si Laura refunfuñaba o rechistaba le advertía que tendría que ir a tiempo muerto. Si Laura se negaba de todas formas a irse a la cama, le tocaba estar en tiempo muerto. Diana era consecuente. Cuando Laura se quejaba, la ponía en una habitación en tiempo muerto y cada cinco minutos, Diana le preguntaba a Laura si ya estaba lista para irse a la cama. Después de estar sentada sola durante 15 ó 20 minutos Laura se sentía preparada para irse a la cama. Tras dos semanas de poner a prueba la técnica, Diana me envió una nota: «Empiezo a pensar que he impartido a Laura disciplina de dos maneras. Antes del tiempo muerto y después, y la diferencia es increíble. ¡La hora de ir a la cama es tan sencilla ahora! Casi nunca se enfada o discute, incluso cuando mis hijos mayores se quedan hasta más tarde que ella».

¿Por qué funciona el tiempo muerto tan bien? La respuesta es que tiene unos resultados tan positivos porque pone en sus manos una herramienta que respalda sus palabras. El tiempo muerto es una técnica de enseñanza y es un castigo moderado que cualquier padre puede imponer de forma sencilla y rápida. Además, funciona a la perfección porque a los niños no les gusta y, por lo tanto, intentan evitarlo.

A continuación explicamos el método de forma general: el primer paso es seleccionar la situación ideal; el segundo, elegir una conducta desviada que quiere eliminar, y el último es explicarle lo que significa el tiempo muerto a su hijo. Describa la conducta que desea que cese y explíquele que, de no dejar de repetirse, tendrá que pasar tiempo muerto en el lugar seleccionado. También necesitará un reloj con alarma que suene alto, para lo que podría utilizar el reloj del horno, siempre y cuando su hijo pueda oírlo, al igual que estaría bien tener dos relojes con alarma: uno para el niño y otro para usted; explíquele también que su reloj es el oficial. Cada uno de estos pasos se explica de forma más detallada en este capítulo.

Hay otros aspectos del tiempo muerto que usted debe entender para que éste sea más efectivo. Esta técnica se suele utilizar con niños de entre dos y doce años. Si toma ciertas precauciones, también se puede poner en práctica con niños menores de dos años y también se puede llegar a utilizar con niños que alcanzan los 14 años, pero puede que no resulte tan efectiva. Consecuencias y restricciones reales suelen ser castigos más apropiados para los adolescentes (este tipo de castigos se comenta en otras partes de este libro).

Utilice el tiempo muerto con determinación y planificación. No intente ponerlo en práctica de forma impulsiva, ya que es importante que su hijo pueda predecir este castigo. Tiene que entender cuándo y porqué se le aplica esta sanción. Si utiliza este método con el fin de corregir su conducta cuando replica, no utilice la misma técnica para corregir momentos en los que desordena la sala de estar. Para este último caso, debería utilizar un castigo más adecuado, como limpiar la sala u otras habitaciones de la casa. Su hijo necesita entender, por adelantado, cuál será el funcionamiento del tiempo muerto. Por esta razón, es importante que no utilice esta técnica cogiendo al niño por sorpresa.

Ponga en práctica este método consecuentemente. Una vez le haya dicho a su hijo que el tiempo muerto será el castigo a cierta conducta inapropiada, debe imponerle siempre este castigo. No pueden haber excepciones ni negociaciones. No ceda y no intente poner excusas en boca de su hijo. Si usted no es consecuente, aunque sea por una sola vez, sólo empeorará el problema y tendrá que trabajar mucho más en la conducta de su hijo en el futuro.

Mantenga la calma y la tranquilidad cuando ponga en práctica el tiempo muerto. Si deja que su hijo le toque el punto débil, el tiempo muerto no funcionará; si se sale con la suya y logra hacerle enfadar, el efecto del tiempo muerto se habrá debilitado.

Pero, si se da cuenta de que su rabia va a explotar de un minuto a otro, apártese un momento de su hijo y tranquilícese. Cuando posea control sobre sí mismo, retome la situación. Conocí a un padre que se imponía a él mismo, unos momentos en tiempo muerto, hasta que se tranquilizaba; lo que hacía era irse a dar un paseo o tumbarse un rato. Sabía que estar en contacto con sus hijos cuando estaba enfadado tenía siempre resultados negativos.

Las primeras veces que se ponga en práctica la técnica del tiempo muerto pueden darse situaciones difíciles. Hay algunos niños que se pasan más de una hora en tiempo muerto durante las primeras veces. Cuando empecé a ejercer mi profesión, trabajé en un hogar para niños; una vez un niño se pasó dos horas en tiempo muerto: había presentado una conducta inaceptable y necesitaba sentarse tranquilo durante diez minutos; por el contrario, él prefirió chillar y gritar obscenidades durante dos horas hasta sentarse tranquilo durante diez minutos. Todos odiábamos tener que oír a este niño en tal estado de rabia, pero era necesario que aprendiese que sus berrinches no iban a dar resultado y que tenía que atenerse a las normas.

Algunos niños le pueden hacer desesperar al principio. Esté preparado. Sobre todo si su hijo ha manifestado esta conducta durante los últimos cuatro, ocho o diez años. Por favor, confíe en que, después de las primeras veces, el tiempo muerto será más fácil de poner en práctica para ambos. Llegará un día en que su hijo no se enfade cuando usted le mande a otro cuarto en tiempo muerto y, paulatinamente, llegará el día en que no sea necesario que imparta este castigo.

Aún así, el tiempo muerto debe formar parte de un plan para mejorar la conducta de su hijo, y sólo deberá dársele una importancia parcial en el conjunto del plan. El resto de la estrategia debería subrayar los aspectos positivos de la conducta de su hijo; centre el 90% de su energía en conductas positivas. Intente fijarse cuando sus hijos se portan bien, porque si asume los momentos buenos como normales, la conducta de su hijo no experimentará mejoría alguna. Si emplea el tiempo muerto para corregir la conducta inadecuada y olvida reforzar la positiva, éste no será efectivo. Sin el énfasis en los aspectos positivos, el tiempo muerto por sí solo no funcionará y no conseguirá que las mejorías se mantengan a largo plazo, ya que se convertiría en un castigo más que su hijo aprendería a tolerar.

Escoger una habitación adecuada para poner en práctica el tiempo muerto

Es importante que la habitación que se elija para impartir el castigo sea aburrida. La mayoría de los cuartos parecen salas recreativas; utilice, pues, el cuarto de baño, el cuarto de la lavadora, el despacho o una habitación libre. Retire, de antemano, cualquier cosa que pueda servirle como diversión, así como los objetos peligrosos, frágiles o valiosos. Para la mayoría de los niños, bastará con que siga estas precauciones durante tres semanas o incluso menos tiempo. Una vez que sus hijos vayan aprendiendo el procedimiento de este castigo, usted podrá ir confiando en ellos progresivamente.

Muchos padres se preocupan por el hecho de situar a su hijo en un cuarto aparte, encerrado bajo llave. Normalmente suele ser un problema para el padre y no para los hijos. Si usted no está cómodo con la puerta cerrada bajo llave, puede dejar la puerta entreabierta; el único riesgo entonces es que su hijo se puede levantar y asomar un poco la cabeza, haciendo ruidos que quiere que usted oiga, puede escuchar cómo se divierten los otros niños, etc. Pero, si su hijo está dispuesto a cumplir el castigo con la puerta entreabierta, no hay ningún problema. Explíquele que la puerta se puede quedar así, siempre y cuando él esté tranquilo y colabore. Sin embargo, si empieza a revelarse, la puerta debería cerrarse. Algunos padres han puesto una especie de reja en el hueco de la puerta del cuarto de baño. Este método es permisible si su hijo realiza su castigo sin intentar manipularle.

Vale la pena dedicar planificación y preparación para poner en práctica este castigo. Es importante que la habitación en donde se deje al niño sea segura. Permítase que arreglar la habitación para que esté «a prueba de niño» le lleve su tiempo. Quite cualquier objeto que sea potencialmente peligroso, puesto que su hijo debe estar seguro dentro del cuarto y debe creer que usted está seguro de que no es un castigo peligroso. Elimine cualquier duda que le haga sentir incómodo, ya que su hijo podría usar estas dudas en contra suya: «Me da miedo. No quiero quedarme solo aquí dentro». No deje que este tipo de afirmaciones le influyan para dejar salir a su hijo del cuarto antes de tiempo. «No hay nada en el cuarto de baño que pueda causarte algún daño.» También es conveniente que el padre se siente en el cuarto durante unos minutos y que se imagine qué se le podría ocurrir hacer a un niño enfadado; mire a su alrededor y piense: «¿Qué podría hacer en este cuarto para que mamá o papá nunca más me quieran dejar aquí dentro solo?».

Puede que también tenga que soportar la presión que ejercen familiares y amigos, ya que los adultos que desconocen esta técnica pueden pensar que es cruel. De alguna forma resulta bastante irónico que muchos padres que creen que el tiempo muerto en un cuarto es cruel, no vean nada malo en propinar azotainas. No deje que su opinión le influya: nunca he tenido que tratar a ningún niño por sufrir algún trastorno emocional derivado de estar sentado solo en un cuarto durante diez minutos.

Muchos padres utilizan el cuarto de baño como la habitación para imponer el tiempo muerto. Es preferible que se elija esta habitación si hay dos cuartos de baño. Es importante que recuerde apartar del alcance del niño todas las medicinas y utensilios peligrosos como maquinillas de afeitar o aparatos eléctricos. Tampoco olvide quitar el papel higiénico.

Esteban decidió utilizar el cuarto de baño para poner en práctica este castigo con su hija de cinco años, Alicia. Esteban creyó que ya había quitado todos los objetos que podían presentar algún peligro y que el cuarto de baño se había convertido en un sitio seguro y aburrido. Sin embargo, Alicia se entretuvo jugando con el agua de la taza del retrete; el remedio de Esteban fue poner una especie de grapa en la tapa del retrete. Un poco de creatividad puede solucionar el problema, como fue el caso de Esteban. Este padre no se dio por vencido simplemente porque había surgido un pequeño inconveniente. No dijo lo que muchos padres suelen decir: «Se lo está pasando bien sola. El tiempo muerto no funciona». Él solucionó el problema porque estaba determinado a hacer que el tiempo muerto tuviese resultados.

Sin embargo, si está enseñando a hacer pipí a un niño pequeño, no utilice el cuarto de baño como área de castigo porque podría confundirle. Tampoco debería utilizar el cuarto de baño como habitación para impartir el tiempo muerto para otro de sus hijos mientras uno está aprendiendo a ir al lavabo, puesto que no es conveniente que el pequeño relacione el cuarto de baño como un lugar negativo. Utilice entonces el despacho o una habitación vacía. Si no cuenta con ninguna de estas salas, utilice la habitación de los padres como último recurso.

No intente castigar al niño a que se siente en una silla en un rincón o en medio del pasillo porque el niño aprenderá que moverse, retorcerse, balancearse, hacer muecas, cantar, murmurar y darle golpes a las patas de la silla son buenos métodos para conseguir que usted se enfade. El tiempo muerto debería imponerse en un sitio en que esté alejado de todos. Por esta razón, una habitación separada es la mejor solución. Eva utilizaba el sofá para castigar a su hija a tiempo muerto. Cuando su hija no quería sentarse, Eva se sentaba a su lado y la forzaba a estarse quieta, pero este apaño hacía que su hija tuviese mucho poder sobre la madre. En este caso, en vez de ser la madre la que dominaba la situación, era la niña quien dominaba el tiempo muerto.

La duración del tiempo muerto

La duración de este castigo depende de tres factores: el primero es la edad de su hijo. Para los niños que tienen entre dos y tres años, uno o dos minutos de tiempo muerto son suficientes; para los niños entre tres y cinco años, basta con dos o tres minutos y para los niños mayores de cinco, cinco minutos está bien.

Sea consecuente respecto a la duración, incluso cuando su hijo sea demasiado pequeño para entender el concepto de tiempo. Un reloj de arena funciona muy bien porque el pequeño puede distraerse viendo caer la arena. Hay que tener en cuenta que imponer tiempo muerto de larga duración no da mejores resultados que el de corta: la duración no modifica la conducta indebida, sino que es la coherencia la que consigue este objetivo.

El segundo factor es la gravedad de la conducta indebida. Usted debería controlar casi todas las conductas inapropiadas de la misma forma. Las conductas problemáticas como las peleas, la desobediencia, el leguaje impropio o la malos modales deberían castigarse con cinco minutos de tiempo muerto; si usted considera que pelearse es un problema más serio, quizás debería aumentar el tiempo a diez minutos. Haga que las normas sean simples. Utilice cinco minutos para la mayoría de conductas desviadas, y ocho o diez minutos para una o dos conductas más graves.

El tercer factor es la colaboración de su hijo. La duración del castigo será mayor si no colabora. El objetivo es que este método funcione bien y tenga buenos resultados. Si el tiempo normal establecido es de cinco minutos, sólo se mantendrá en este número si su hijo colabora y se sienta tranquilo; si, por el contrario, se resiste y hace todo lo posible para evitar el castigo, duplíquele la duración, pero hágalo sólo una vez. En el próximo capítulo trataremos la forma para dominar a un niño que se niega al tiempo muerto.

Si su hijo grita, patalea y arma un berrinche mientras está en tiempo muerto, ignórele y no empiece a cronometrar hasta que se haya tranquilizado. Sencillamente dígale que tiene que estar tranquilo cinco (o diez) minutos y que empezará a contar cuando esté relajado. Yo normalmente les digo a los niños que den un golpe en la puerta cuando estén listos para empezar a cronometrar. Todo el tiempo que se pasan gritando y pataleando no cuenta; por eso, a veces los niños se pasan una hora o más encerrados en una habitación.

Los niños lloran cuando están tristes. Si su hijo solloza un poco, ignórelo y deje que el tiempo siga pasando. Ignore también cualquier canción, canturreo, historia o recital de poesía y no empiece a cronometrar el tiempo hasta que no oiga a su hijo. La regla es esta: si su hijo está cantando o haciendo ruidos para divertirse, entonces deje que el tiempo vaya contando, pero si lo está haciendo con el propósito de hacerle enfadar, no empiece a cronometrar. Espere hasta que se haya callado. Dígale que le haga algún tipo de señal cuando esté listo para que el tiempo empiece a correr.

Las malas conductas prioritarias

Una mala conducta prioritaria es aquélla que usted considera muy inapropiada o problemática. Se trata de una prioridad porque usted quiere acabar con ella cuanto antes; es una conducta que usted desea que su hijo deje de manifestar. La conducta inapropiada que usted elija como prioritaria debe ser muy específica, como por ejemplo pelearse, discutir, responder y decir palabrotas; términos como inaceptable, travieso o maleducado no serían malas conductas prioritarias, puesto que no son específicas y no describen en qué consiste la mala conducta. Todos podemos comprender, en términos generales, a qué se refieren estas palabras, pero el problema reside en que pueden ser mal interpretadas y llevar a equívocos. Lo que a usted le puede parecer inaceptable puede que no lo sea para su hijo.

Quizás tenga que intentar ser más específico, ya que si su hijo suele mostrar una conducta desviada la mayoría del tiempo, es fácil perder de vista las conductas específicas y decir: «Mi hijo siempre está metido en algún lío», «Nunca hace nada de lo que le digo», «Esta niña nunca tiene un buen día», «Su conducta es tan inaceptable que le gritaría constantemente», «Ese niño nunca aprenderá a comportarse». Si usted cree que piensa de este modo, considere lo que su hijo hace concretamente: Carmen no hace las cosas que se le ordenan, Jorge pega a su hermana, Juan no hace sus tareas cotidianas a tiempo.

Cuando una mala conducta prioritaria tenga lugar, explíquele a su hijo lo que ha hecho y castíguele a pasar tiempo muerto en una habitación. Mantenga la tranquilidad, pero sea firme y asertivo.

Mamá:	Óscar, ¿quieres hacer el favor de sacar la basura afuera?
Óscar:	Ahora no me apetece. Ya lo haré más tarde.
Mamá:	Óscar, no estás obedeciendo, así que estás castigado a tiempo muerto. Ya sabes, tienes que estar allí cinco minutos.

Una vez le explica a su hijo que su conducta se merece el castigo del tiempo muerto no cambie de parecer. Algunos niños, de repente, quieren obedecer y colaborar esperando que usted sea indulgente. No se deje engañar.

Mamá:	Óscar, no estás obedeciendo, así que estás castigado a tiempo muerto. Ya sabes tienes que estar allí cinco minutos.
Óscar:	Vale, lo haré ahora. Ya voy a sacar la basura.
Mamá:	No. Primero tienes que pasar tus cinco minutos en el cuarto. Después, cuando hayas acabado el castigo puedes sacar la basura.

Óscar mostró una conducta indebida al negarse a sacar la basura cuando su madre se lo pidió y, de forma correcta, su madre le aplicó el castigo del tiempo muerto; Óscar intentó engatusar a su madre haciendo lo que ella le había pedido en primer lugar, pero ya era demasiado tarde. No sucumba a estos intentos porque, de hacerlo, estará animando a su hijo a que moleste, a que suplique y replique a cuanto le dice. Cuando incumpla la norma le debe aplicar el tiempo muerto.

Cuando ponga en práctica el tiempo muerto por primera vez empiece pensando en una conducta. Elija una conducta problemática que desea reducir, pero no escoja la más difícil de todas para empezar, sino un problema moderado. De esta forma, su hijo y usted se familiarizarán con el procedimiento de este castigo, antes de tratar problemas más serios. Sea consecuente con esta primera conducta inaceptable porque su éxito en este caso marcará la pauta.

Una vez tenga la primera conducta bajo control, emplee el tiempo muerto para tratar una segunda conducta inapropiada. Pero, tome precauciones: usted quiere que su hijo mejore y, para ello, es mejor realizar movimientos lentos, pero seguros, que estrategias rápidas y arriesgadas. Vaya añadiendo las conductas prioritarias poco a poco, y de manera sistemática, para asegurar resultados positivos.

Cómo explicar el tiempo muerto a sus hijos

Siéntese con cada uno de sus hijos por separado y explíqueles en qué consiste el castigo del tiempo muerto. El momento más apropiado es cuando las cosas van viento en popa, pero no lo intente después de una situación violenta ni cuando su hijo esté enfadado. Explíquele que el tiempo muerto es algo que le ayudará a mejorar su conducta y a tomar mejores decisiones; descríbaselo como un tiempo en el que se sentará solo en el cuarto de baño (o en el cuarto que vaya a utilizar); explique cómo funciona la duración: sólo serán cinco minutos si colabora, pero el tiempo será más largo si hay problemas. El reloj alarma informará a su hijo de cuándo se ha acabado el castigo. Si sospecha que su hijo va a ser reacio a colaborar, explíquele las consecuencias de estas acciones con mayor detalle. Al final, debe describirle la conducta prioritaria elegida. Dialoguen sobre ella ampliamente y expóngale ejemplos. Asegúrese de que comprende de qué se trata esta conducta prioritaria.

Es importante ignorar cualquier comentario negativo que su hijo haga mientras le está explicando el funcionamiento del castigo. No espere que muestre gran entusiasmo, pero usted debe continuar y explicarle en qué consiste de la forma más clara que pueda. Aquí exponemos un ejemplo de un padre y una madre que le intentaban explicar el tiempo muerto a su hijo de siete años.

Papá: Óscar ¿puedes venir aquí un momento, por favor? A mamá y a mí nos gustaría hablarte de algo.

Óscar: ¿Qué queréis?

Mamá: Últimamente tu conducta ha mejorado bastante en la mayoría de aspectos, pero hay veces que no haces lo que se te dice.

Papá:	Te queremos hablar de algo que te ayudará a mejorar tu conducta y a saber tomar mejores decisiones sobre tu forma de comportarte.
Óscar:	¿De qué se trata?
Mamá:	Se llama tiempo muerto.
Papá:	El tiempo muerto significa que debes ir al cuarto de baño y sentarte solo. Si lo haces directamente, sin discutir, sólo tendrás que estar allí cinco minutos.
Óscar:	¿Y qué pasa si no voy?
Mamá:	Pues si rechistas o no quieres ir cuando te lo mandamos, tendrás que quedarte en el cuarto de baño diez minutos.
Papá:	Si gritas, pataleas o das golpes a la puerta del baño tendrás que añadir cinco minutos más.
Óscar:	A ver, seamos realistas. Me tendría que quedar allí hasta que cumpliera diez años.
Papá:	Bueno, ¿ha quedado todo claro o tienes alguna pregunta?
Óscar:	Vaya idea más tonta. No va a funcionar conmigo. Soy demasiado cabezota, ¿no es eso lo que me decís siempre?
Papá:	Cuando estés encerrado en tiempo muerto, programaremos el reloj alarma del horno durante cinco minutos. Cuando oigas la campana es que ya puedes salir.
Mamá:	Pero si empiezas a armar jaleo dentro de la habitación, pataleas y demás, entonces ese tiempo no contará. El tiempo no empezará hasta que estés sentado tranquilo.
Papá:	O sea, que cuanto antes te tranquilices, antes podrás salir.
Mamá:	¿Entiendes el funcionamiento de la alarma?

Óscar:	Sí, pero sigo pensando que no va a funcionar.
Mamá:	Y si desordenas o revuelves las cosas del cuarto de baño, tendrás que sentarte cinco minutos extra y tendrás que haber limpiado todo para poder salir. Si rompes algo tendrás que pagar su valor quitándotelo de tu paga semanal.
Papá:	Se te impondrá el castigo del tiempo muerto cuando no hagas lo que se te ordena. Cuando no nos obedezcas.
Mamá:	De ahora en adelante, cuando te pidamos que hagas algo y no lo hagas, irás a tiempo muerto.
Papá:	Esperamos que no tengamos que recurrir a este castigo muy a menudo, pero la elección es tuya. Si obedeces, no tendrás que ir al cuarto de baño. En fin, depende de ti.

Escriba primero lo que le va a decir a su hijo. Haga una lista por adelantado de las cosas que le va a comentar. Aquí exponemos un borrador que le puede ayudar a seguir el hilo de su explicación cuando esté frente a su hijo.

Explíquele los siguientes puntos:

El tiempo muerto le ayudará a mejorar su conducta.

En qué consiste el tiempo muerto.

La duración.

El empleo del reloj-alarma.

Describa la mala conducta prioritaria y póngale ejemplos.

No debe olvidar:

Elegir un buen momento para hablar.

Ignorar cualquier comentario negativo que realice su hijo.

Mantener la calma pase lo que pase.

Qué decir cuando ya se ha cumplido el tiempo muerto

Para la mayoría de conductas problemáticas, usted debería actuar como si nada hubiese ocurrido cuando su hijo haya cumplido el tiempo de castigo. Por ejemplo, si su hija ha tenido que cumplir tiempo muerto porque ha dicho palabrotas, cuando salga cambie de tema, en vez de intentar darle una lección sobre las consecuencias de pronunciar palabras inapropiadas; ahórrese las palabras porque de todas formas le van a entrar por una oreja y salirle por la otra. El momento apropiado para explicarle lo que está bien y mal será más tarde, cuando su hija se muestre más receptiva.

Ahora exponemos un ejemplo:

Sara: *(dice una palabrota)*

Mamá: Sara, eso es una palabrota. Ya sabes lo que te toca, tiempo muerto.

(Cinco minutos más tarde, Sara ya ha cumplido el tiempo muerto impuesto.)

Mamá: ¿Has visto mi calculadora por alguna parte?

(La mamá cambia de tema de conversación, para empezar como si nada.)

Ahora exponemos lo que NO se debe hacer:

(Sara ya ha cumplido el tiempo muerto impuesto.)

Mamá: Bueno, ¿no te arrepientes ahora de haber dicho esa palabrota?

Sara: ¡Pues no!

Mamá: Pues entonces vuelve al cuarto y no salgas hasta que te hayas arrepentido.

Ahora bien, si su hijo ha tenido que cumplir tiempo muerto por negarse realizar cierta tarea, cuando salga del cuarto, deberá hacerla;

por ejemplo, si tuvo que cumplir tiempo muerto por no querer poner la mesa, cuando salga, tendrá que ponerla y si se vuelve a negar, tendrá que volver a cumplir tiempo muerto. Debe quedarle muy claro que este castigo no se realiza a cambio de poner la mesa. Tampoco debería permitir que la negativa de su hijo a poner la mesa, retrase la hora de cenar, porque estaría otorgando poder al niño. Si usted sospecha que su actitud puede ser negativa y poco colaboradora, pídale que prepare la mesa una hora antes de cenar. Así, tendrá muchas oportunidades para poner la mesa y, si pasa una hora entera de tiempo muerto (de cinco en cinco minutos) quizás así la próxima vez decida mostrarse más colaborador.

Tiene que tener en cuenta una advertencia en relación al tiempo muerto y las tareas domésticas. Conceder a sus hijos ciertas tareas domésticas les enseña responsabilidad y, además, les da una oportunidad para terminar algo y sentirse orgullosos (ver capítulo 25). Sin embargo, a veces me he encontrado con padres que distribuyen demasiados quehaceres domésticos a sus hijos y éstos deben dedicarles varias horas al día. Los niños se sienten resentidos y desarrollan una actitud negativa si estas tareas suponen una carga para ellos. Los niños necesitan responsabilidades, pero hay que tener en cuenta que son sólo niños y, por lo tanto, no deberían dedicar horas diarias al trabajo del hogar. No utilice el tiempo muerto para convertir a sus hijos en sus sirvientes.

No puede ganar si no lleva a cabo un recuento

Mantenga un recuento o una tabla de las veces que su hijo es castigado mediante el tiempo muerto. La tabla le ayudará a ser consecuente. Es fácil ser consecuente con una nueva idea, lo mismo que sucede los primeros días con una dieta de adelgazamiento, pero, a medida que la novedad va pasando, nos vamos haciendo más y más perezosos. Por eso, es importante que haga una tabla que le ayude a seguir siendo consecuente. También podrá ver el progreso de su hijo y si va reduciendo la necesidad de ser enviado a tiempo muerto. Mirar la tabla hará que, tanto usted como su hijo, sientan que ha valido la pena y ese sentimiento les mantendrá motivados. Su hijo y usted estarán consiguiendo su objetivo. Al final de este capítulo se incluye una tabla de muestra.

Cuente las veces de tiempo muerto por día o por semana; si el número va disminuyendo, es que el sistema está funcionando. Aun así, no se sienta desanimado si la tabla de su hijo no muestra una mejoría rápida: algunos niños necesitan bastante tiempo, ya que son persistentes y se resisten al cambio: hay otros que tienen algunos días buenos y otros malos e incluso los hay que se comportan peor que de costumbre al principio. Su razón es que quieren que usted piense que el sistema no está funcionando ni funcionará y «te lo demostraré».

Las tablas son importantes porque la mejoría varía de un niño a otro. Algunos niños experimentan una mejoría extraordinaria en menos de una semana; si esto le ocurre a usted con su hijo, pensará que el tiempo muerto funciona muy bien. Sin embargo, hay algunos niños más tozudos en sus ideas respecto a su conducta problemática; en estos casos, las mejorías se producen a un ritmo mucho más lento y es mucho más difícil percibirlo día a día. Pueden pasar varias semanas hasta que pueda ver una mejoría significativa y esto podría llevarle a pensar que el método no funciona y que, por lo tanto, lo mejor es dejarlo de usar y añadirlo a la lista de «ya lo hemos probado todo». Puede que tenga que castigar a su hijo cuatro veces a tiempo muerto al día durante la primera semana y que al cabo de dos semanas, la media sea de tres veces al día. Sin duda, se trata de una pequeña mejoría, que podrá observar en la tabla. La tabla hará, pues, que se sienta menos desanimado si no se producen grandes adelantos; pero sobre todo le ayudará en los días que manifiesten peor conducta y se sienta más desalentado.

Puede que se pasen días sin que tenga que implementar el castigo y habrá veces en que tenga que recurrir a él con frecuencia en unos cuantos días. Depende de los niños y hay algunos a los que les gusta poner a los padres a prueba más que a otros. Lo que está claro, es que, de vez en cuando, su hijo le pondrá a prueba para ver si ha cambiado de técnica; necesita asegurarse de que usted todavía está determinado a ser consecuente. La lista le permitirá saber si le está ocurriendo esto con su hijo.

A veces el tiempo muerto aumenta porque usted está teniendo malos días. Puede que haya días en los que usted haya dejado que sus hijos se salgan con la suya más que otros, es decir, días en que no ha sido todo lo consecuente que debería haber sido, o quizás se trate de que usted se sigue centrando en lo negativo y olvida resaltar la conducta positiva.

«Sí, vale, me gusta el tiempo muerto»

¿Qué pasa si su hijo le dice: «Sí, vale, me gusta el tiempo muerto. Así puedo alejarme de esta familia de locos durante unos minutos»? Algunos niños, demasiado listos, hacen afirmaciones como esta. Puede que sea verdad, sobre todo la parte de alejarse del resto de la familia. Pero, lo que tiene que hacer es ignorar esta clase de comentarios; no será fácil, pero tiene que evitar frases moralizantes, no responda con algo como «Pues te debe pasar algo raro si te gusta el tiempo muerto» porque, con esas palabras, no hará más que corroborar a su hijo que le ha tocado su punto débil. No caiga en la trampa de creer todo cuanto dice. Si quiere evaluar el tiempo muerto no se lo pregunte a su hijo. Mire la tabla.

¿Qué ocurre si no se produce mejoría alguna?

Sólo significa que no se ha producido ninguna mejoría TODAVÍA. Para la mayoría de los padres, la razón por la que no funciona el tiempo muerto es porque son demasiado impacientes: quieren que los resultados a un duro esfuerzo se produzcan inmediatamente y los niños aprenden a ser más persistentes que sus padres, ya que saben que, si son lo suficientemente tozudos durante bastante tiempo, su madre y su padre acabarán dándose por vencidos, como ha ocurrido siempre.

Guarde las tablas del tiempo muerto durante bastantes semanas. Con algunos niños, sólo podrá observar una pequeña mejoría. Entonces, es el momento de hacerse las siguientes preguntas:

¿Estoy siendo consecuente? ¿Cumplo mis palabras cada vez que se manifiesta la mala conducta prioritaria? No es bueno que pase por alto la conducta de vez en cuando. Si sólo es consecuente cuando le apetece, no hará más que empeorar el problema y estará enseñando a su hijo a ser consecuente de forma negativa, puesto que de vez en cuando se puede salir con la suya.

¿Estoy enfadado cuando le impongo tiempo muerto? Algunos niños quieren que usted se enfade y ese es su objetivo. Cumplirán varios tiempos muertos de buena gana si a cambio pueden «tocar su punto débil». Lograr hacerle enfadar puede ser una recompensa mayor que los inconvenientes del tiempo muerto. En otras palabras, la recompensa de verle enfadado supera con creces el castigo.

¿Le estoy prestando a mi hijo demasiada atención cuando le castigo a tiempo muerto? No se enzarcen en largas discusiones ni explicaciones y evite que el tiempo muerto le impida cuidar de sus otros hijos o supervisar tareas más largas. Para algunos niños, cinco minutos encerrados en una habitación está bastante bien a cambio de un poco de atención individual de su padre o su madre. Si el tiempo muerto parece ser un juego más que un castigo para su hijo, entonces es que le está prestando demasiada atención.

¿Estoy olvidando ser positivo cuando manifiesta buena conducta? No puede utilizar sólo la técnica del tiempo muerto y esperar que el comportamiento del niño experimente un cambio radical. Utilice este método como parte de un plan global. Dedique más tiempo y energía a ser positivo, en vez de negativo, ya que, de centrarse únicamente en las conductas problemáticas, el tiempo muerto no resultará tan efectivo.

Resumen

Recientemente, una madre me dijo que el método del tiempo muerto había cambiado la vida de la familia entera. Durante años y años, ella y su marido habían gritado y azotado a los niños y lo único que conseguían es que los niños también chillasen. Su hijo de siete años supo resumir perfectamente lo que había significado para ellos: «Me gusta el tiempo muerto, mamá. Es mucho mejor que lo que hacíamos antes».

El tiempo muerto es un castigo moderado que funciona. Utilícelo con determinación y planificación (no olvide disponerlo todo con antelación). Así, estará enseñando a sus hijos a predecir las consecuencias de su conducta y a tomar mejores decisiones. Emplee el tiempo muerto consecuentemente: siempre que se dé la mala conducta prioritaria, utilice el tiempo muerto. Mantenga la calma y el control de la situación cuando imponga el castigo, puesto que si está enfadado lo utilizará de forma inefectiva.

Su turno

Sea específico cuando piense en las malas conductas prioritarias, al hacerlo, estará centrándose más en la conducta. Con este ejercicio, aprenderá a ser más específico: se trata de poner una X antes de las afirmaciones que describen una conducta específica.

___1. Marcos pega a su hermana.

___2. Sara se niega a fregar los platos.

___3. Daniel muestra una conducta inaceptable.

___4. Jorge es hiperactivo.

___5. Jorge siempre corretea por toda la casa.

___6. Susana fastidia a su hermano.

___7. María rechista cuando se le pide que haga algo.

Respuestas: 1, 2, 5, 6 y 7 son conductas específicas, mientras que el número 3 no lo es debido a la palabra «inaceptable», que no describe la conducta del niño. En el número 4 sucede lo mismo porque la palabra «hiperactivo» no explica exactamente cómo se comporta Jorge.

Supongamos que usted ha decidido utilizar el castigo del tiempo muerto con Marcos, Sara, Jorge, Susana y María. ¿Cómo podría utilizar la «respuesta positiva» para reforzar la conducta opuesta (la conducta positiva) en cada uno de los casos?

Marcos: Elogie a Marcos cuando esté jugando tranquilamente con su hermana.

Sara: Fíjese cuando realice una tarea hasta el final. Agradézcaselo cuando haga sus tareas domésticas.

Jorge: Elógielo cuando camine tranquilo por la casa.

Susana: Intente resaltar su conducta cuando está haciendo algo agradable a su hermano.

María: Cuando María haga algo sin replicar, centre su atención en el acto diciéndole «Gracias por poner la mesa sin rechistar».

Tabla del tiempo muerto

Nombre del niño

Fecha	Tiempo de inicio	Tiempo final	Conducta problemática	Comentarios

Emplee esta tabla para llevar un recuento de las veces que ha tenido que recurrir al castigo del tiempo muerto. Cada vez que le imponga tiempo muerto, deberá escribir la fecha, el momento en que le mandó al cuarto (tiempo de inicio) y el momento en que salió del cuarto (Tiempo final). Escriba también la conducta inapropiada y cualquier comentario. Ejemplo:

Fecha	Tiempo de inicio	Tiempo final	Conducta problemática	Comentarios
20/6	12:35	12:40	No escucha	Bien
20/6	5:45	5:55	No escucha	Se resistio y rechistó. Cinco minutos extra
21/6	10:25	10:30	No escucha	No rechistó

20

¿Qué hacer con un niño que se niega a ir a tiempo muerto?

La forma en que trate a un niño que se niega al castigo de tiempo muerto dependerá de la edad y del tamaño de su hijo. Para los niños menores de seis años, es aceptable agarrarles y meterles literalmente en el cuarto destinado al tiempo muerto. Aun así, debe tener cuidado para no hacerle daño ni a su hijo ni a usted mismo. Si su hijo no quiere quedarse dentro del cuarto, sujete la puerta y ciérrela con llave desde fuera. Algunos padres se ven obligados a recurrir a esta técnica las primeras veces.

Aguantar la puerta desde fuera conlleva un intenso agotamiento físico y puede que acabe exhausto. Ambos padres podrían turnarse o podrían pedir la ayuda de algún adulto cercano, pero es mucho más lógico aguantar la puerta cerrada durante unos minutos que darse por vencido. Mientras aguante la puerta, es esencial que mantenga la calma: controle tanto la situación como a sí mismo y, de vez en cuando, recuérdele a su hijo con voz tranquila: «en cuanto te sientes tranquilo, pondré el cronómetro en marcha». Si usted no se siente cómodo con esta técnica, pruebe la que le ofrecemos a continuación.

Con otros niños más mayores o de la misma edad, pero con mayor fortaleza física, usted necesitará adoptar otro método: cuando su hijo se niegue a ir al cuarto a cumplir su castigo, espere un minuto y vuélvaselo a decir. Si usted se da cuenta de que se está empezando a enfadar, aléjese, tranquilícese durante unos minutos, pero evite discutir o gritar.

Déle a su hijo un minuto para pensar

Esta bien que le dé a sus hijos un minuto para pensar sobre lo que va a ocurrir: «Antes de que esto vaya a peor, piensa en el significado de lo que puede ocurrir. Te quedarás sin bici y, aun así, tendrás que cumplir el tiempo muerto reglamentario. No voy a discutir contigo. Depende de ti. ¿Por qué no cumples el tiempo muerto y ya está?». A veces, los niños toman la decisión equivocada. Déles un minuto para que reflexionen y quizás se den cuenta de que diez minutos de tiempo muerto es mejor que molestias a largo plazo.

Arrebátele su tesoro

Si su hijo se niega a cumplir el castigo, después de la segunda petición, es que ha llegado el momento de que le quite algo preciado: retírele un privilegio, una actividad o su muñeco preferido. Si es posible, escoja algo que pueda cerrar bajo llave o ponerlo fuera de su alcance; cosas como bicicletas, reproductores de CD, ordenadores, videojuegos, televisores, cadenas de música y reproductores de vídeo funcionan bien. No sé cual es el objeto preferido de su hijo, pero usted sí que lo sabe. Sea lo que sea, eso es lo que tiene que cerrar bajo llave: su tesoro cumplirá el tiempo muerto.

Si lo más preciado para su hijo es su bicicleta y se niega a cumplir el castigo del tiempo muerto, ciérresela bajo llave y manténgala cerrada hasta que él cumpla sus diez minutos de tiempo muerto, habiendo añadido cinco minutos a los iniciales por no haber colaborado.

Algunos niños le presionarán hasta el límite cada vez con la esperanza de que ceda; se negarán a cumplir el tiempo muerto hasta que vean que usted va a coger la bicicleta y a encerrarla. Entre que usted la coge y la cierra bajo llave, ya habrán pasado los diez minutos y entonces usted tiene que volver a sacarla y ponerla en su sitio. Puede que este tipo de molestias le hagan manipulable, puesto que cualquier punto flojo en su plan será descubierto por sus hijos.

Usted puede corregir esta situación teniendo la bicicleta encerrada durante 24 horas después de que su hijo acabe de cumplir el tiempo muerto. Si su hijo empieza el tiempo muerto cuando usted guarda la bicicleta, devuélvasela cuando hayan pasado 24 horas y diez minutos. Si su hijo decide esperar dos horas hasta cumplir el tiempo muerto, devuélvasela cuando hayan pasado 24 horas a partir de esas dos. Quizás tenga que reforzar el castigo imponiéndole otras restricciones hasta que recupere la bicicleta.

Esta carta de reserva suele funcionar. Haga todo cuanto esté en sus manos (excepto discutir y enfadarse) para convencer a su hijo de que cumplir cinco o diez minutos es mejor que perder su bicicleta durante un día entero. Cuando empiece a restringirle sus privilegios, puede que la conducta de su hijo empeore aún más porque, al principio, buscará venganza.

Si usted prevé que su hijo puede negarse a cumplir el tiempo establecido de castigo, entonces explíquele el plan de reserva cuando le exponga el funcionamiento del castigo.

Óscar:	¿Y qué vais a hacer si me niego a cumplir el tiempo muerto?
Papá:	Cerraremos tu bicicleta bajo llave. Te la devolveremos cuando hayas cumplido el castigo.
Mamá:	Si eso no te convence, entonces tendremos que hacer algo más, como cerrar tu bicicleta bajo llave durante un día entero.
Óscar:	Pero eso no es justo.
Papá:	Bueno, Óscar, como te he dicho antes, la elección es tuya. Nosotros esperamos no tener que cerrar tu bicicleta bajo llave, pero si lo tenemos que hacer, lo haremos. Que te quede bien claro.

Sea cual sea su plan de reserva, asegúrese de que la negativa de su hijo a cumplir el tiempo muerto le causa algún inconveniente. No le amenace con castigos de reserva que repercutan en usted más que en su hijo. No le diga «no iremos a cenar fuera hasta que hayas cumplido tu tiempo muerto» porque le estará otorgando a su hijo el control sobre toda la familia.

Muchos padres se muestran confundidos sobre la idea de retirarles un privilegio, a modo de castigo de reserva, para que funcione el tiempo muerto. «Pues, ¿por qué no encerramos la bicicleta desde un principio y nos olvidamos del tiempo muerto?». El tiempo muerto es algo corto y fácil de imponer, es una técnica que facilita el castigo en el futuro y más sencillo que tener que encerrar la bicicleta bajo llave varias veces a la semana. Si usted le retira demasiados privilegios a su hijo, puede que se sienta desanimado y que se dé por vencido en el intento de mejorar su conducta.

Resumen

Cuando un niño pequeño se niega a cumplir su tiempo muerto, resulta aceptable cogerle a la fuerza y encerrarle en el cuarto. Cuando el niño sea más mayor y se muestre reacio a cumplir el castigo, déle un minuto para reflexionar y después retírele algún objeto o actividad que sepa que es preciada para él. Asegúrese de que la negativa de su hijo conlleva más inconvenientes para el niño que para usted.

21

Cómo ser creativo
con el tiempo muerto

Ayer se le olvidó programar la alarma. Tenía previsto planchar por la mañana. Gracias por esa mirada de enfado. Todos tienen pan y mantequilla. La tostadora va demasiado lenta. Rece una oración para que el coche funcione bien hoy. ¿Alguna vez ha empezado el día así?

¿Por qué siempre eligen los niños mañanas como ésta para mostrarse más irritantes y tozudos que nunca? Los niños son unos oportunistas. Les gusta aprovecharse de las situaciones estresantes y ponerle a prueba cuando tiene prisa. También les encanta ponerle a prueba mientras habla por teléfono, están en la iglesia, en casa de la abuela o en compañía.

Los niños saben cuándo es poco viable que se pueda poner en práctica el tiempo muerto. Tienen un sexto sentido para eso y parece que su conducta es inapropiada cuando no se está en un lugar o momento adecuado para imponer el tiempo muerto, puesto que saben que, imponer el castigo en esas circunstancias, supondría un inconveniente para usted.

Si su hijo muestra una conducta indebida cuando usted se tiene que marchar al trabajo, utilice la técnica del tiempo muerto aplazado. Dígale que tendrá que cumplir el tiempo muerto ese mismo día más tarde; recuerde entonces ser consecuente y escríbalo en su lista de lo que debe hacer. Utilice la técnica del tiempo muerto aplazado para cualquier circunstancia que presente inconvenientes.

Puede poner en práctica esta misma estrategia cuando usted le ordena a su hijo que haga algo y, más tarde, se da cuenta de que sigue sin hacerlo. En ese momento, debería impartir su tiempo muerto y, a continuación, realizar la tarea que le había ordenado. Si su hijo se resiste y dice «No, ya paso la aspiradora ahora», usted puede sentir la tentación de dejar que su hijo realice la tarea y pasar por alto el tiempo muerto, pero sería una decisión incoherente.

Tiempo muerto fuera de casa

La disciplina empieza en casa. Si usted es positivo y consecuente, la conducta de su hijo experimentará mejorías, no sólo en casa, sino también fuera. Sin embargo, no se producirá un cambio de la noche a la mañana, sino que será progresivo. Enseñe a su hijo que, cuando dice algo, lo cumple; pero si usted no le enseña eso en casa, no intente enseñárselo cuando están en la tienda de ultramarinos.

¿Hay algo que pueda hacer cuando están en el supermercado? Una alternativa es que deje de comprar y vuelva a casa. Una vez allí, órdenele a su hijo que se marche al cuarto del tiempo muerto. Una vez cumplido el castigo, pueden volver al supermercado y volverlo a intentar. Hay padres que han seguido este procedimiento. Parece un poco exagerado, pero hay bastantes posibilidades de que no lo tenga que volver a repetir. Aun así, es cierto que requiere cierto tiempo, pero funciona bien, sobre todo, con los niños pequeños.

Una alternativa sería utilizar el coche o el asiento del coche. José tenía tres años y su madre le llevó con ella al banco. Era viernes y las colas eran largas y lentas. José decidió manifestar una conducta inapropiada, así que su madre se fue de la cola y le llevó a su asiento dentro del coche. Él estuvo sentado allí durante dos minutos mientras su madre le observaba desde detrás del coche; cuando se calmó, volvieron al banco. Este es un buen ejemplo de coherencia: la madre supo que valía la pena enseñarle a José que no está permitida una conducta inapropiada. Sin duda, estaba pensando en situaciones futuras.

Establezca un sitio donde pueda impartir el tiempo muerto en lugares que visita con asiduidad. Utilice, por ejemplo, el cuarto de baño en casa de la abuela o el cuarto de la lavadora en casa de Diana. Otra alternativa es prometerle que tendrá que cumplir el tiempo muerto cuando vuelvan a casa. Pero no amenace a su hijo con el tiempo muerto, prométaselo; los niños saben que las amenazas no tienen ningún valor, pero una promesa es un compromiso. Usted deberá ser consecuente con el tiempo muerto cuando vuelvan a casa. Si usted es coherente con el castigo, tanto dentro como fuera de casa, la conducta del niño mejorará.

Tiempo muerto para dos

¿Qué debería hacer cuando dos (o más) de sus hijos manifiestan una conducta inaceptable a la vez? Es mejor evitar discusiones sobre quién empezó porque normalmente no llevan más que a peleas y desacuerdos mayores. Si los dos niños se han comportado mal, entonces los dos tendrían que cumplir el tiempo muerto, pero por separado: un niño debería sentarse mientras que el otro cumple el tiempo y después al revés. Lance una moneda al aire para ver quién irá el primero.

Tiempo muerto para los más pequeños

La primera vez que Leah se vio sometida al tiempo muerto fue cuando tenía alrededor de un año. Leah empezó a gatear y se dirigió hacia el televisor para jugar. La cogí en brazos y la metí en el parque, que había vaciado previamente y situado en otra habitación. Le dije: «Televisor no». La dejé allí unos 30 segundos y después la saqué del parque mientras le decía «televisor no» y la dejaba otra vez en el suelo.

Como era de esperar, salió disparada otra vez hacia el televisor y tuve que repetir el mismo procedimiento: la volví a meter en el parque y le dije «televisor no». Cuando volvió a salir, fue a gatas otra vez hacia el televisor; tuve que hacer cinco repeticiones hasta que se dio por vencida, pero esa no fue la última vez que intentó jugar con el televisor. Cada vez que lo intentaba, la metía en el parque. Fuimos muy consecuentes con ella.

Estábamos enseñando a Leah que no se juega con el televisor y, a la vez, le enseñábamos algo mucho más importante como es el significado de la palabra «no». Estábamos construyendo los cimientos de nuestra autoridad como padres.

Puede utilizar el tiempo muerto con niños de entre uno y dos años, pero con precauciones. Los niños de esta edad no entienden completamente el lenguaje y tienen una curiosidad natural. Además, derrochan energía y no les gusta estarse quietos en un mismo sitio. Su lapso de atención sólo es de unos segundos, son muy sensibles, lloran mucho y no hay que olvidar que tienen un don especial para meterse en líos (no se dan cuenta que meter un tenedor en un enchufe no es buena idea). Los niños de esta edad tampoco saben diferenciar lo que está bien de lo que está mal y no son conscientes de que su conducta no es apropiada.

Utilice el tiempo muerto para enseñarle a sus hijos lo que es aceptable y lo que no, lo que es seguro y lo que no y para enseñarles que gritar para conseguir lo que quieren no funciona. También puede poner en práctica esta técnica para enseñarles a evitar ciertas cosas, como juguetear con el televisor.

Algunos padres me han preguntado si pueden utilizar la cuna para impartir tiempo muerto. Las cunas son unos lugares creados para dormir cómodamente. Utilizar este objeto para impartir tiempo muerto podría provocar que el niño asociase la cuna con el disgusto.

Para los niños pequeños lo más apropiado es utilizar un parque desprovisto de juguetes. No le dé a alguien su parque para otro niño cuando su hijo ya sea demasiado grande para utilizarlo porque aquí tiene otra utilidad. Algunos padres han comprado un segundo parque: uno para los juguetes y otro para el tiempo muerto. No estaría mal poner el parque en una habitación de sobra. Cuando ponga a su hijo dentro del parque, esté cerca de él. El tiempo de castigo debería rondar entre los 30 segundos y un minuto y cuando sea posible, dígale a su hijo que está haciendo algo que a usted no le gusta, con palabras simples como «televisión no», «enchufes no» o «lápiz en pared no».

No siempre debe tratar los berrinches de la misma forma. Si su hijo tiene un berrinche porque quiere una galleta, podría dejar a su hijo en el parque hasta que dejase de gritar. Quizás se tenga que apartar de su campo de visión para que deje de llorar. Échele un vistazo a escondidas cuando pasen unos segundos y, en cuanto deje de llorar, puede sacarle del parque, diciéndole: «Ya no lloras. Bien». Encauce entonces su berrinche: «Es muy difícil escucharte cuando gritas y lloras. ¿Cómo se pide una galleta?». Si no deja de llorar después de dos o tres minutos, cójale de todos modos e intente calmarle.

Resumen

Sea creativo respecto al tiempo muerto. Los niños saben que es difícil para usted utilizarlo. Estas situaciones le ponen a prueba, pero usted debe prometer que cumplirá el tiempo muerto que se ha aplazado. Después deberá ser consecuente y no olvidarlo. Escríbaselo en la lista de cosas que debe hacer durante el día. Emplee el tiempo muerto de forma coherente y verá como su conducta experimentará un cambio positivo.

Modifique la técnica para los niños más pequeños. No piense en el tiempo muerto como un castigo para ellos, sino como una técnica para guiar su conducta.

Pautas para impartir el tiempo muerto

Determine el lugar dónde se impartirá:

    La seguridad es el elemento principal.

    Es importante que sea lo más aburrido posible.

Identifique una conducta prioritaria.

Utilice un reloj con alarma.

Explíquele en qué consiste el tiempo muerto a su hijo:

    El tiempo muerto hará que su conducta mejore.

    En qué consiste.

    Cómo funciona.

    Cómo funciona el reloj alarma.

    Describa la conducta prioritaria (ponga un ejemplo).

Utilice el tiempo muerto como parte de un plan global.

Sea consecuente con el tiempo muerto.

Mantenga la calma cuando utilice este castigo.

Utilice una tabla para llevar un recuento del progreso.

Al principio puede haber situaciones difíciles (debido al rechazo del niño a la extinción).

La duración del tiempo muerto

    Cinco minutos si colabora

    Diez minutos si no colabora

Empiece a contar el tiempo cuando su hijo se haya sentado tranquilo (si sólo solloza un poco puede empezar).

El niño que se resiste al tiempo muerto

Si es pequeño, oblíguele.

Si es más mayor, retírele algo que sea preciado.

Hasta que haya cumplido el tiempo.

Hasta que haya cumplido el tiempo y 24 horas más (u otro tiempo que usted considere razonable).

Cuando su hijo ha cumplido con el tiempo muerto

Trátele como si no hubiese ocurrido nada
(si ya ha pasado la mala conducta)

o

su hijo todavía tiene que hacer lo que le había mandado
(si tuvo que cumplir el castigo porque se había negado a realizar la petición).

Utilice el tiempo muerto aplazado

En situaciones inconvenientes.

Cuando está fuera de casa.

Tiempo muerto para dos: lance una moneda al aire para ver quién empieza y que lo cumplan por turnos.

22

Cómo tratar las peleas y las luchas de poder

«¿Puedo pasar la noche en casa de Sonia?»

«Esta noche no. Me gustaría que te quedases en casa con nosotros.»

«Pero, hace ya un mes que no me he quedado a dormir en casa de Sonia.»

«Hoy no, por favor.»

«Es que aquí no hay nada que hacer. Es aburrido.»

«Por favor, no discutas más.»

«Es que no lo entiendo. A ver, ¿por qué no puedo ir? Dame una buena razón.»

«Porque he dicho que no. Si no dejas de discutir, te tendré que castigar.»

«Muy bien, entonces castígame. Qué más da. De todas formas nunca me dejáis hacer nada.»

«Muy bien. Estás castigada a no salir durante toda la semana. Vete a tu cuarto.»

«Me muero porque llegue el momento de ser mayor para irme de esta casa.»

A los niños les encanta discutir. Quieren que sus ideas sean compartidas por todo el mundo y les encanta demostrar que tienen razón y que todos los demás se equivocan: quieren controlar la situación y tener poder sobre sus padres.

Los niños tienen ansias de poder y eso es normal porque ven que los adultos lo tienen y hacemos lo que queremos hacer. Al menos, esa es la forma de pensar que tienen nuestros hijos. Nosotros les parecemos autosuficientes y seguros; somos personas adultas y tenemos poder. Los niños quieren ser como nosotros y quieren tener también poder.

Tener necesidad de poder no es malo de por sí, sólo lo es cuando el niño utiliza el poder de una forma negativa y entonces el poder puede convertirse en un problema. Los niños que buscan poder intentan hacer lo que les gustaría hacer y se niegan a hacer lo que usted les ordena porque no les gusta que les digan lo que tienen que hacer; se resisten a la autoridad y les gusta dictar sus propias normas. Les gusta decidir cómo se van a hacer las cosas.

Por qué no puede ganar una lucha de poder

La mayoría de los padres tratan las luchas de poder centrándose en contrarrestar el control, pero no funciona. Los esfuerzos que se realizan para controlar a un niño que busca poder suelen conducir a un punto muerto o a una lucha de poder entre usted y su hijo. Nunca es posible que usted salga victorioso: cuando se vea inmerso en una lucha de poder, puede estar bien seguro de que va a perder.

Si su hijo gana la lucha de poder, le estará corroborando que el poder provocó la victoria. Usted fue vencido gracias al poder del niño. Si, por el contrario, usted gana la lucha de poder, su hijo se convence de que usted ganó gracias a su poder y, así, también corrobora el valor del poder. Como resultado, los niños contraatacan una y otra vez, armándose de métodos más y más fuertes. Puede que usted haya ganado una batalla, pero él ganará la guerra.

Cada niño tiene una forma diferente de demostrar poder. La mayoría de las luchas de poder son activas y las discusiones son un buen ejemplo de ellas. Otros han aprendido el valor de la resistencia pasiva y, en vez de discutir, se negarán a hacer lo que les pide, asienten con la cabeza pero siguen sentados sin hacer nada: algunos incluso sonríen. Este tipo de poder tiene un objetivo bien definido: «tocarle el punto débil».

Cómo tratar el poder

Deje de participar en la lucha de poder. Se necesitan dos para que se produzca una lucha y también para discutir. Esté determinado a no tomar parte en interminables discusiones y explicaciones. Manifieste sus expectativas de una forma clara y firme, y aléjese: diga exactamente a sus hijos lo que espera de ellos, cuándo lo deben hacer y qué pasará si no lo hacen y, a continuación, márchese.

> «Ya es hora de apagar el televisor.»
>
> «Quiero ver el próximo programa.»
>
> «Lo siento, pero es hora de irse a la cama.»
>
> «¿No me podría quedar a ver sólo un programa más?»
>
> «No. Esta noche no. Mañana nos tenemos que levantar pronto.»
>
> «Siempre nos tenemos que levantar pronto.»
>
> «Apaga el televisor. Dúchate y vete a la cama. Si no lo haces ahora mismo, mañana por la noche no habrá televisión.»

Aléjese del lugar evitando discutir y váyase a su habitación; cierre la puerta si es necesario. No deje que sus hijos le toquen el punto débil: si usted se enfada, estará recompensando a su hijo. Su enfado le estará otorgando el poder sobre usted que él tanto ansía. Quizás tenga que recurrir a castigos cuando esté tratando con una lucha de poder. Dígale lo que debe hacer y esté dispuesto a imponerle un castigo si se niega a colaborar. Si castiga a un niño en una lucha de poder, debe recordar dos cosas: no castigarle cuando esté enfadado (porque no hará más que alentar a su hijo a contraatacar) y la conveniencia de los castigos moderados, que funcionan mejor que los castigos largos (ya que si su hijo cree que el castigo ha sido demasiado duro, tomará represalias contra usted con más poder).

Cuando su hijo haga lo que usted le ha pedido sin rechistar, agradézcaselo y llámele la atención sobre este punto positivo: «Gracias. Has hecho lo que te he dicho sin discutir. Te lo agradezco porque demuestra que estás colaborando». Como una solución a largo plazo, debe recordar que la necesidad de poder que demuestra un niño puede ser un aspecto positivo en el futuro, ya que manifiesta un interés por conseguir independencia, confianza en sí mismo, liderazgo y buena toma de decisiones. Cuando su hijo muestre alguna de estas cualidades, résaltelas. Fíjese, pues, en su buena conducta porque, como la mayoría de problemas, el método positivo suele ser el mejor remedio para tratar las ansias de poder.

La diferencia entre poder y autoridad

La diferencia entre poder y autoridad reside en usted. Cuando usted confronte a sus hijos, debe destacar la colaboración, en vez del control. Mantenga la calma y la lógica sea cual sea la circunstancia; es importante que proteja su punto débil, que se detenga por un minuto a reflexionar en vez de actuar impulsivamente. Exponga a sus hijos sus expectativas de forma clara y concisa; explíqueles qué ocurrirá si deciden no colaborar, pero no les dé ultimátums. Tiene mejor resultado el centrarse en la forma de influir en la motivación de su hijo.

A continuación ofrecemos un ejemplo de un padre que usa poder:

«¿Por qué no puedo ir?»

«Porque lo digo yo y soy tu padre.»

«¿Y eso qué tiene que ver?»

«Pues todo.»

«Bueno, pues de todas formas voy a ir.»

(El padre se enfada) «Te lo advierto. Si vas a esa fiesta, te vas a meter en un gran lío.»

«Sí, claro, ¿qué vas a hacer?»

«Espera y verás.»

Ahora exponemos un ejemplo de un padre que usa su autoridad.

«¿Por qué no puedo ir?»

«No creo que sea seguro.»

«Sé arreglármelas solo.»

«Sí, pero habrá muchas bebidas en esa fiesta y seguramente también habrá drogas. No quiero que vayas.»

«Papá, estaré bien. No te preocupes.»

«No lo entiendes. Yo confío en ti, ese no es el problema. Lo que pasa es que no confío en los otros chicos. Tú tampoco puedes controlar lo que quieren hacer.»

«Pero es que va a ir todo el mundo.»

«Ya sé que tienes muchas ganas de ir y que, si no vas, te sentirás decepcionado.»

«Es que quiero ir.»

«Lo siento, pero no puedes. Pero, si quieres, puedes hacer algo por tu cuenta como invitar a algunos chicos a que vengan a casa.»

Cómo corregir a su hijo sin discutir

Hacer correcciones verbales resulta difícil porque, en seguida, pueden desembocar en discusiones, sobre todo, si usted se enoja. Los gritos, las regañinas y las amenazas le ayudan a liberar su rabia, pero no corrigen la conducta desviada y, a veces, incluso la empeoran.

Mantenga la calma. Dígale a sus hijos que cesen su conducta y esté preparado para impartir algún castigo si fuese necesario, pero no caiga en el círculo de los gritos y las amenazas. Usted no quiere pasarse el resto de su vida así y los enfados y los gritos hacen que las discusiones cada vez vayan a peor. Si el objetivo de su hijo es tocarle el punto débil y hacer que usted se enfade, entonces para él los gritos son una recompensa a su mala conducta y, sin querer, con los gritos usted estará reforzando su mala conducta.

¿Cómo puede corregir a sus hijos y evitar las discusiones? Las correcciones verbales forman parte de la buena disciplina y su objetivo es enseñar una buena forma de tomar decisiones. Algunas sugerencias son:

1. Empiece reforzando su relación: «Tú eres mi hijo y yo te quiero. Debes tener presente que nada va a hacer que eso cambie».

2. Muéstrele su preocupación: «Tu conducta en la tienda fue inaceptable y me hiciste pasar mucha vergüenza».

3. Recuerde a su hijo buenas conductas anteriores: «Eso no es típico de ti. Tu siempre te portas muy bien cuando vamos de compras».

4. Separe a su hijo de esta conducta diciéndole: «Ese tipo de conducta es inaceptable». No le diga «cualquier persona que hace algo así es estúpida».

5. Reaccione en relación a la envergadura del problema. Si su hijo muestra una conducta inadecuada cuando van de compras, impídale que vaya de compras: «No puedes venir de compras conmigo durante dos semanas. Te tendrás que quedar en casa. Espero que, cuando puedas venir conmigo de nuevo, te sepas comportar».

No pregunte porqué. Los niños manifiestan una conducta indebida porque eligen comportarse así; si usted le pregunta porqué, le está sugiriendo que puede haber una excusa: «¿Por qué has hecho eso?», «Porque él me dijo que lo hicieses». Los niños inteligentes buscarán excusas hasta que se les ocurra algo que sepan que usted va a dar por válido. Si usted no lo acepta, entonces se puede ver inmerso en una lucha de poder.

Debe tener en cuenta que un niño enfadado no es un buen oyente. Este no es, entonces, el mejor momento para la comunicación constructiva y debería esperar hasta que se haya tranquilizado.

Enseñe, asimismo, a sus hijos a aprender de sus errores, en vez de
~~~~ por ellos. D~~~~ l~~~~ n hecho mal, mostrándoles una
bien, te has acordado de sacar la
estar un poco más apretados la
hace».

de equivocar de vez en cuando.
los padres. «Lo siento, me equi-
rma, sus hijos aprenderán de su
e sus fallos y debilidades, les está
rfectos ni lo saben todo. Anthony
nes que tuve con la correctora de
correctora tuviese tantas sugeren-
adre no es perfecto y que no me
rsonal. Le expliqué que ella me
que es normal cometer errores.

errores. Haga lo que tenga que
hablar del tema. El objetivo de las
en más colaborador. Las conduc-
males y lo mejor que usted puede
imizar sus problemas en vez de
mpoco es bueno que su hijo esté
problemas que ha tenido durante
no deben tomar como punto de
ntos fuertes.

e a las situaciones en que sus hi-
calma y no amenace. Si puede,
y María habían estado discutien-
a estaba harto. Al final, se enfadó
vais los dos a la cama ahora mis-

ilizan un poco ante una amenaza
e que sus gritos han funcionado.
os gritos sólo funcionan de forma
lo serán duraderos porque los gri-
a largo plazo sobre la conducta de
tir; el padre se enfadará y gritará;

se tranquilizarán un rato pero pronto volverán a discutir, el padre gritará y se volverán a tranquilizar un rato más. Esta pauta se puede repetir y repetir y lo único que habrán aprendido los niños es que pueden discutir hasta que el padre les grite y les ordene que paren. No aprenderán a solucionar sus problemas.

Un poco de humor también ayuda. Hay una forma para neutralizar las peleas en el coche: cuando esté haciendo un viaje en coche y los niños empiecen a discutir, dígales que paren. Si no lo hacen, empiece a hablar de las ventajas de los viajes sólo para padres: «claro, ahora entiendo porqué tantos padres dejan a sus hijos en casa. En nuestro próximo viaje deberíamos hacer algo romántico los dos solos». Cuando los niños oyen estas palabras, se suelen comportar.

Cuando los niños buscan venganza

Cuando un niño se siente herido o enfadado, puede buscar venganza. Quiere que usted también se sienta herido y, de esta forma, poder liberarse de parte de su agravio y enfado. La venganza hace que los niños crean que se ha hecho justicia y es importante para ellos ya que tienen un intenso sentido de la justicia.

La venganza puede destrozar la relación entre padres e hijos, sobre todo si se trata de adolescentes. Algunos niños intentarán avergonzarle delante de otras personas, otros intentarán romper algo que saben que es preciado para usted, harán daño a su hermano o hermana pequeños, intentarán irse de casa o romperán algo de valor. Una vez tuve que ayudar a una madre que tenía un adolescente vengativo; un día, de vuelta a casa, se percató de que le había tirado todos sus preciados objetos de porcelana y de cristal por la ventana. La venganza a veces no es placentera.

La venganza habitualmente suele empezar cuando usted castiga a su hijo por algo que él no considera justo. Entonces decide vengarse y volver a manifestar su conducta inapropiada: le toca el punto débil, usted se enfada y le vuelve a castigar; él contraataca y el círculo de represalias no hace más que empezar.

Romper el círculo de represalias

El blanco de la venganza de su hijo son sus sentimientos: un niño que quiere venganza quiere herirle y, si lo hace, entonces ha obtenido su recompensa. Algunos padres tienen poca confianza en sus habilidades como padre y un niño listo se da cuenta y se aprovecha de su debilidad.

Los niños con ansias de venganza saben exactamente a dónde apuntar y dicen frases como: «Te odio. Eres una pésima madre». La causa de estos comentarios es hacerle daño emocionalmente. Quieren que se sienta fracasada en su labor de madre, que se sienta inútil y culpable. Cuando usted se siente así, empieza a poner en tela de juicio sus propias afirmaciones y decisiones y, al final, *acaba cediendo*. No hay nada más gratificante para un niño vengativo que ver cómo usted es incoherente. Esta es, sin duda, su recompensa.

Crea en sus habilidades como padre y no será la víctima de la venganza de su hijo; sea fuerte y dése ánimos a sí mismo. Cuando su hijo toque su punto débil, mantenga su fortaleza, y dígase a sí mismo que es un buen padre y que está haciendo todo cuanto está en sus manos.

Sea positivo cuando intente impartir disciplina a sus hijos. Evite las críticas y asegúrese de que los castigos son justos y de que su hijo también lo considera así: los castigos no deberían humillar o avergonzar a su hijo, sino que es mejor que sean moderados y que tengan como objetivo enseñarle a tomar mejores decisiones. No utilice los castigos para vengarse de su hijo por algo que ha hecho, que le ha herido o le ha hecho enfadar.

Contrólese. No deje que le toquen el punto débil y tenga fe en sus decisiones; no ceda a frases como «La mamá de Esteban le deja que vea las películas paya mayores de 16»; tampoco debe recompensar la venganza de su hijo. Cuanta más confianza deposite usted en sí mismo, más fácil le resultará ganarse la colaboración de su hijo.

Muchos padres miden su valía en función de la conducta de sus hijos. «Si soy un buen padre, ¿por qué tienen una conducta pésima mis hijos?» Creen que, si sus hijos no son perfectos, se debe a que ellos no son buenos padres: debe tener claro que esas ideas le convierte en una persona vulnerable para sus hijos y en un blanco fácil de cualquier niño al que le guste tocar los puntos débiles.

Piense en las razones que tiene para pensar así. ¿Es usted una persona insegura? ¿Tiene esas ideas debido a su pareja? ¿Se debe a una creencia que tiene sus orígenes en la relación que usted tenía con sus padres? Crea y céntrese en sus puntos fuertes. Cuanto más destaque su fortaleza, más seguro de sí mismo estará. Mantenga la calma cuando su hijo le diga «Te odio» y respóndale «Siento que te sientas así, pero yo tengo que hacer lo correcto».

Resumen

A los niños les gusta forzar a los padres a largas discusiones y luchas de poder. Esperan hacerle enfadar y, cuando lo consiguen, han ganado. Lo que usted debe hacer es mantener la calma, sobre todo cuando va a impartir un castigo.

Ser un buen padre no significa que siempre tiene que ser el mejor amigo de su hijo. Muchas veces mis hijos se han enfadado mucho conmigo; reconozco que no me gusta sentirme así pero, por esa razón, no voy a ceder a sus exigencias ni a criticarme a mí mismo. Dentro de diez años ya no se acordarán de aquella vez que no les dejó ver la película para mayores de 16, pero sí recordarán su compromiso con ellos y dirán «voy a darme ánimos a mí mismo porque sé que lo que estoy haciendo es lo más apropiado».

Su turno

Roberto es un niño de diez años muy activo. No tiene maldad, pero suele meterse en un lío tras otro. Sus padres le quieren mucho, pero ya están hartos de su conducta; intentan ser positivos, pero a veces se olvidan. El padre es el que castiga y dice que lo ha probado «todo». También lo ha intentado un par de veces con el tiempo muerto pero, cuando se le pregunta sobre la conducta de Roberto, contesta que siempre está metido en líos. «A veces llega a ser tan irritante, que le gritaría y no pararía. Lo he intentado todo, pero no hacemos más que ir en círculos y discutir. Tendría que ver cómo amenaza a su madre. Lo único que funciona con él son los azotes. Me paso media vida zurrándole y, claro, crees que va aprendiendo, pero no es así. Siempre está haciendo algo para hacerme enfadar, pero no voy a ceder. Tengo que hacer que ese niño se comporte como sea.» ¿Qué podrían modificar sus padres en su forma de impartir disciplina? Haga una lista con sus ideas y sugerencias.

Aquí ofrecemos algunas ideas

1. Lo primero que tienen que hacer los padres de Roberto es modificar su propia conducta. Lo único que ven es que Roberto «siempre» se mete en problemas y que llega a ser tan «irritante». Tienen que ser más específicos sobre su conducta e intentar destacar la conducta opuesta, la conducta positiva, como, por ejemplo, cuando hace las cosas sin rechistar.

2. «El padre es el que castiga», el padre y la madre tienen que colaborar o, de lo contrario, Roberto aprenderá a manipular y continuará manifestando su conducta inapropiada con la madre y amenazándola.

3. Lo han intentado «todo». Roberto es un niño persistente. Ha aprendido que las técnicas que sus padres intentan no duran mucho. Su madre y su padre tienen que ser más pacientes y aferrarse a una estrategia. No se puede utilizar el castigo del tiempo muerto de vez en cuando, sino que deben emplearlo de forma coherente.

4. El padre y la madre tienen que dejar de discutir con Roberto. El padre tiene que abandonar su actitud «tengo que hacer que ese niño se comporte como sea» porque lo único que consigue es una mayor resistencia por parte de Roberto. Tienen que explicarle al niño lo que tiene que hacer, cuándo, qué ocurrirá si lo hace y qué ocurrirá si no lo hace. A continuación, tienen que mantener la calma y ser consecuentes.

5. El padre cree que las azotainas harán que la actitud de Roberto cambie, pero no es así. Roberto no ha cambiado su conducta para evitar las azotainas; parece, pues, que éstas no han cambiado la conducta de Roberto. Intente imponerle un castigo que no provoque la necesidad de represalias de Roberto.

Esta tabla resume la diferencia entre poder y autoridad

Poder	Autoridad
Control.	Subrayar la colaboración.
Emocional.	Racional.
Actúa enfadado.	Pone en práctica el control de sí mismo.
Actúa de forma impulsiva.	Reflexiona y evita actuar de forma impulsiva.
Reactivo.	Previsor.
Pronuncia ultimátums.	Relaciona las consecuencias con la conducta y las decisiones.
Se centra en sí mismo.	Se centra en el niño.

23

Reducir la necesidad
de ser el centro de atención

«Mamá, ven aquí y mira mi dibujo.»

«Sara, ¡es precioso!»

«No encuentro el lápiz azul.»

«Está aquí.»

«No encuentro el verde.»

«Está aquí.»

«No quiero colorear. Quiero pintar.»

«Bueno, iré a por tus acuarelas.»

«Mamá, ¿por qué no pintas esta flor por mí?»

Los niños buscan atención y aprobación; eso es normal, pero a veces puede convertirse en un problema. La búsqueda constante de atención puede llegar a ser un problema porque, incluso los niños que lo hacen de forma encantadora, están buscando el control. Muchos niños hacen verdaderas tragedias de preocupaciones triviales para ganarse su compasión. La búsqueda excesiva de atención puede llegar al extremo de que su hijo sea quien controle su vida.

Muchos manifiestan una conducta indebida para llamar su atención. De hecho ésta suele ser la principal razón para que presenten una conducta problemática y puede ser la semilla de grandes problemas de disciplina en una etapa posterior de su niñez o en la adolescencia.

Su objetivo no es eliminar la necesidad de atención y de aprobación de su hijo, sino que debe aprender a tratarla de forma adecuada para que se convierta en una herramienta que le ayude a mejorar la conducta inapropiada del niño. No intente eliminar su necesidad de atención, sólo intente eliminar las conductas de búsqueda de atención que son excesivas o inaceptables. «Sara, sé que quieres que me quede contigo y que pintemos juntas, pero estoy muy ocupada. Si eres paciente y esperas diez minutos, después vendré a pintar contigo.» Así, la madre le da a Sara una oportunidad para conseguir la atención que quiere y necesita, pero sin ceder a sus exigencias.

¿Cuándo le estamos prestando demasiada atención?

Eso depende de usted. ¿Cuánta búsqueda de atención puede tolerar? La norma es que los niños buscan tanta atención como usted está dispuesto a darles; usted debería encontrar el equilibrio entre la atención que sus hijos buscan y la que usted les puede dar. Incluso los niveles normales de búsqueda de atención, pueden volver loco a cualquiera algunos días.

No deje que la necesidad de atención de su hijo se convierta en exigencias para lograrla. Cuando los niños no reciben toda la atención que necesitan, suelen llorar, patalear, molestar y manifestar otro tipo de conductas molestas. «Si no me prestan toda la atención que quiero portándome bien, entonces me portaré mal para llamar la atención de mamá.»

Tres tipos de atención

La atención y aprobación de los adultos son dos de las mejores recompensas para un niño; desgraciadamente, los padres casi nunca saben prestárselas de forma sabia. Hay tres tipos de atención:

La atención positiva

La atención negativa

La falta de atención

Cuando usted les presta atención y muestra aprobación a sus hijos porque se han comportado bien, les está prestando atención positiva. Este tipo de atención significa que usted se ha fijado cuándo los niños se han portado bien y ha subrayado su conducta positiva. La atención positiva se puede poner en práctica mediante palabras de elogio y de ánimo, con el tacto, con abrazos o con una palmada en la espalda; también funciona bien dejarle una nota cariñosa en la bolsa de la merienda. La atención positiva hace que la buena conducta de su hijo aumente.

Cuando usted le presta atención a su hijo porque ha manifestado una conducta inapropiada, le está prestando atención negativa. Este tipo de atención suele empezar cuando usted se enfada, a continuación le amenaza, le hace un interrogatorio y le intenta dar alguna lección. La atención negativa no es un castigo, sino una recompensa porque no está castigando la conducta inapropiada y, por consiguiente, la frecuencia de esta conducta aumenta.

¿Cuál es la forma más fácil de llamar su atención? ¿Estarse sentado tranquilo o manifestar mala conducta? Cuando los niños no reciben atención del tipo positivo, intentarán llamar su atención de otra forma. Ignore la mala conducta y preste atención a la buena.

Marcos y Ana María están sentados tranquilos viendo los dibujos animados que dan por la televisión los sábados por la mañana durante 30 minutos. En la casa se respira calma y tranquilidad. El padre está trabajando con el ordenador, pero, de repente, empieza una pelea. «Ahora me toca a mí elegir el programa.» El padre entra en la habitación, apaga el televisor, regaña a los niños y les manda a sus respectivas habitaciones.

Durante 30 minutos, estos niños se habían portado bien. Sin embargo, el padre no les dijo nada que resaltase su buena conducta; no dijo nada de lo tranquilos y callados que estaban, nada sobre lo bien que estaban colaborando pero, en cuanto hubo el menor problema, se movilizó en un momento. El padre no les prestó nada de atención positiva mientras se estaban comportando bien y, en cambio, en cuanto su conducta empezó a desviarse, obtuvieron mucha atención negativa.

La atención negativa enseña a los niños a ser manipuladores y salirse con la suya. De esta forma, aprenden a ser niños problemáticos, a interrumpirle cuando quieren y a controlarle; la atención negativa les enseña a molestar, a fastidiar, a irritar y a exasperar. Les enseñamos todo eso al no prestar atención a nuestros hijos cuando se comportan de forma apropiada y al centrarnos sólo en su conducta negativa.

Personalmente, he trabajado con cientos y cientos de padres que han enseñado a sus hijos a llamar la atención negativamente; aun así, nunca he conocido a ningún padre que lo haya hecho deliberadamente. Cuando usted presta atención a lo negativo e ignora lo positivo, le está enseñando a sus hijos a comportarse de forma negativa y a manifestar una conducta inadecuada para llamar la atención. Seguramente entonces, seguirán presentando una conducta problemática en el futuro para llamar su atención.

No espere a que se produzca la conducta inaceptable ni asuma que la buena conducta es normal. Solemos adoptar esta postura con los adolescentes, ya que sencillamente esperamos que se porten bien y pasamos por alto sus esfuerzos. Cuando un niño muestre una buena conducta, hágaselo saber. Fíjese y observará, que cuanto más se lo proponga, más se dará cuenta de la conducta apropiada de su hijo y de cómo aumenta en el futuro: es muy fácil fijarse en la mala conducta de un niño, pero intente mirarlo desde otro prisma y fijarse en la buena. No es tan sencillo y requiere práctica.

Las estadísticas muestran que el padre medio estadounidense sólo pasa siete minutos a la semana con cada uno de sus hijos. Intente superar la media porque no basta con decir a sus hijos que les quiere, sino que tiene que demostrárselo: pase diez minutos dedicado por completo a cada uno de sus hijos diariamente. No hay excusas que valgan, no vale decir que ha tenido un día muy ajetreado o que no ha tenido tiempo porque todo el mundo está demasiado ocupado.

En muchas familias, ambos padres trabajan y hay padres que tienen dos trabajos. Sin embargo, su trabajo prioritario es ser padre: cuando vuelve a casa después del trabajo, tiene que dedicar los primeros 30 minutos a sus hijos. No haga como esos padres que la única hora que pasan juntos con su hija a la semana es en el despacho del director del colegio o en la comisaria de policía. Anote a sus hijos en su agenda y deje un hueco para tener una cita con cada uno de ellos cada día; den un paseo y escuche lo que pasa en sus vidas o apague el televisor durante una hora y hable con ellos.

Cómo ignorar

Cuando ignora la mala conducta no les está prestando ningún tipo de atención. Debido a que la atención es una recompensa para los niños, negársela puede ser un castigo efectivo y puede conseguir debilitar la conducta negativa. Cuando su hijo muestre una conducta inapropiada con el fin de llamar su atención, ignórele y haga oídos sordos a sus exigencias de atención. Así, estará debilitando sus exigencias y, poco a poco, acabará con la conducta indeseada.

A algunos padres les cuesta creerlo y piensan que si el niño muestra una conducta inapropiada deben castigarle. Esta opinión no es cierta: ignorar sus exigencias de atención es la mejor cura porque, cuando ignora a su hijo de forma coherente, le enseña que su conducta inapropiada no se recompensa con la atención. Los berrinches y rabietas necesitan un público; sin éste, no hay sentido en armar un berrinche. *No olvide corregir la conducta.* «Mis oídos no oyen las quejas. Por favor, pídemelo en voz baja y agradable».

Cuándo se debe ignorar

Ignorar no significa ignorar el problema, sino ignorar sus exigencias de atención negativa. Hay muchas conductas inapropiadas que no debería ignorar y está claro que se deberían castigar. Decidir cuándo ignorar o cuándo castigar no resulta sencillo porque no existen ecuaciones matemáticas, sino que requiere tiempo y buen juicio; cuando su hijo manifiesta una mala conducta para llamar la atención, ignórele y, si no cesa su conducta en dos o tres minutos, déle un recordatorio diciéndole: «No respondo a las quejas y lloriqueos. Cuando pares, hablaremos».

Vuelva a esperar unos dos minutos: Si sigue sin parar, dígale que pare o recibirá un castigo: «Deja de comportarte así o te mandaré a tiempo muerto».

En el caso de que usted empiece a enfadarse o deje que su hijo le toque el punto débil, habrá perdido la batalla. Si decide castigarle, imparta el castigo sin enfadarse porque, de hacerlo, su hijo habrá conseguido recibir la atención negativa que buscaba. Si se da cuenta que empieza a enojarse, entonces aléjese y tranquilícese. Pero si se da por vencido, estará dándole a su hijo la atención que buscaba y estará recompensando su mala conducta.

Resumen

Présteles a sus hijos atención positiva cuando muestren una buena conducta (no la dé por asumida). Sin embargo, deberá ignorar las exigencias de atención de sus hijos que se manifiesten mediante una conducta molesta o irritante. Si cede a estas exigencias, estará animando a sus hijos a presentar una conducta inadecuada con el fin de atraer su atención. Es fácil interpretar mal estas ideas y la práctica tampoco es sencilla, pero merece la pena para usted y es necesario que se comprometa porque sus hijos también merecen la pena.

Parte V

Soluciones sencillas a problemas persistentes

24

Resolver conflictos
entre hermanos

Los padres normalmente preguntan cómo solucionar la rivalidad entre hermanos, pero la mayoría de los problemas que surgen entre ellos no implican rivalidad, sino conflictos. Los conflictos entre hermanos han ocurrido desde que Adán y Eva decidieron que Caín necesitaba un hermanito.

Los niños suelen tener conflictos normalmente por las mismas razones que los tienen los adultos: quieren que las cosas que suceden en sus vidas ocurran de la manera que ellos quieren y desean que las normas se adecuen a su conducta, en vez de tenerse que adecuar ellos a las normas. Además, los niños sólo son capaces de ver la situación desde su punto de vista y quieren que todo se haga a su manera; cuando no es así, se enfadan.

No debería resultar sorprendente que cada vez que juntamos a dos o tres personas que tienen esta forma de pensar en un mismo espacio y les ordenamos que jueguen y se diviertan surja un conflicto. Pero, ¿qué pueden hacer los padres para reducir los conflictos entre sus hijos? Antes de nada, deberían observar el conflicto como una oportunidad de aprendizaje. Enséñele a sus hijos formas más aceptables de expresar la decepción y el resentimiento y a controlar sus sentimientos sin necesidad de mostrarse agresivos con la otra persona.

«Clara, es normal que te enfades con tu hermano
porque te ha molestado, pero no está bien que le

pegues. ¿Qué podías haber hecho en vez de pegarle? Pensemos otras cosas que puedes hacer cuando te enfadas.»

Este acercamiento no funcionará si su hijo sigue enfadado por el altercado, ya que la comunicación siempre resulta más efectiva cuando todos se han tranquilizado. Además, así usted puede intervenir antes que salga a flote el mal genio.

«Me parece que vosotros dos estáis teniendo una discusión. Creo que vosotros lo podéis solucionar solitos y espero que así lo hagáis. Si necesitáis mi ayuda, no tenéis más que decírmelo, pero si no lo podéis solucionar por vosotros mismos, será mejor que os separéis y que os toméis un respiro.»

Este tipo de mensaje anima a sus hijos a pensar que pueden solucionar su conflicto. Si usted cree que lo podrán arreglar, seguramente ellos creerán lo mismo; pero hay un límite, que es saber cuándo intervenir o cuándo mantenerse al margen. Como norma general, podemos decir que siempre es bueno animar a sus hijos a que resuelvan sus propios conflictos; déjeles tiempo para que lo hagan y, si observa que el conflicto va a peor en vez de resolverse, puede guiarles a encontrar una solución. Basta con que los separe un par de minutos y les dé tiempo para reflexionar.

Enseñe a sus hijos a respetar a la otra persona incluso cuando no se está de acuerdo. Esta es una habilidad que, sin duda, les será muy útil cuando sean adultos. «No tienes que estar de acuerdo con lo que dice tu hermano. Él lo ve de su modo y tú del tuyo. Es normal tener diferentes opiniones, pero no está bien que os peleéis.» En algunas situaciones, también puede ser útil añadir algo sobre el punto de vista de la otra persona, como «Cada uno de vosotros tiene sus razones para creer que su opinión es la correcta». A continuación, sería apropiado que los niños intercambiasen sus razones y estableciesen un compromiso en el que cada uno debería ceder un poco para que ambos estuviesen satisfechos.

Como una precaución a largo plazo, debería centrarse en la conducta social positiva de sus hijos. Elógieles por llevarse bien con la gente. Los padres suelen olvidar este punto, ya que es fácil asumir la buena conducta. Sin embargo, es un error y usted debería fijarse en los momentos en los que su hijo colabora y comparte para poder reforzar su conducta: «Me alegro mucho de que estéis jugando juntos tan a gusto. Gracias. Espero que los dos os sintáis orgullosos de vosotros mismos».

Resumen

Quizás lo más importante que puede hacer un padre con el fin de enseñarle buenos métodos para resolver un conflicto es ser un buen ejemplo; sea un modelo en la forma en que resuelve sus conflictos cotidianos con su pareja, su jefe, su vecino e incluso con el pesado dependiente de la tienda. No acumule rabia, más bien exprésela de manera constructiva: «Cuando seguís discutiendo, me enfado porque es verdaderamente frustrante dar vueltas en círculo». Enseñe a sus hijos que hay formas prudentes para mostrar desacuerdo siendo un modelo de tranquilidad, educación y respeto hacia los demás. Recuerde también ser paciente: si sus hijos han desarrollado pautas de peleas y discusiones, les llevará bastante tiempo modificarlas. Aguante en el campo de batalla porque sus hijos valen la pena.

25

Responsabilidad, tareas domésticas y concesiones

Los niños necesitan aprender el valor del trabajo porque, cuando aprenden a hacer sus tareas domésticas, están aprendiendo las bases de las habilidades imprescindibles para una vida independiente. Además, la responsabilidad fomenta la confianza y autoestima, sin olvidar que las tareas domésticas enseñan colaboración y trabajo en equipo.

Aun así, no debería cargar a su hijo con demasiadas tareas o responsabilidades porque podría provocar resentimiento por su parte; acepte los esfuerzos de su hijo pese a que el resultado final no esté a su nivel de exigencias. Debe recordar que una buena actitud es más importante que una cama hecha de forma impecable y que ayudar de buena gana es mucho más relevante que tener las cucharas bien ordenadas en los correspondientes cajones. Enseñar a sus hijos a realizar las tareas domésticas requiere más tiempo que realizarlas usted mismo. Para ello debería utilizar la «respuesta positiva» para incentivar al esfuerzo y a que las tareas estén bien hechas.

Intente ser un modelo para sus hijos en lo que a las tareas se refiere. Los niños necesitan ver que las tareas domésticas son un elemento más de la vida; por eso, muéstreles la satisfacción que usted siente cuando ha finalizado una dura labor, trabaje codo a codo con sus hijos y diviértanse: silben, canturreen y ¡hablen! Deje que los niños den su opinión sobre la tarea, ya que al dejarles que se expresen su resistencia se atenúa. Asígneles pequeñas responsabilidades y vaya aumentando la dificultad a medida que vayan creciendo, puesto que las responsabilidades deben crecer a la par que sus hijos. Al final de este capítulo le ofrecemos algunos ejemplos.

Sea un modelo de responsabilidad: si no hace más que quejarse de las tareas domésticas, sus hijos aprenden a quejarse también. A menudo, los padres me hablan de la falta de responsabilidad de sus hijos y resulta que ellos mismos llegan tarde a una cita. Incite a sus hijos a realizar las tareas, ayudándose de las listas de «cosas que hacer», las listas de seguimiento y los diagramas. Enséñele estas técnicas a sus hijos.

A medida que los niños se van haciendo mayores, quieren más privilegios. Por ese motivo, usted debería relacionar las responsabilidades con los privilegios: cuanto más hagan, más privilegios obtendrán. Los padres suelen esperar más de sus hijos cuando crecen y, en contrapartida, les ofrecen mayor libertad y elecciones; negocie las responsabilidades: «Bueno, tú piensa a ver qué crees que es lo justo y ya lo discutiremos». Algunos padres consideran que es útil aumentar los privilegios y las responsabilidades el día de su cumpleaños (como si se tratase de una especie de ascenso anual).

Hable de sus objetivos. Empiece a hablar de ello cuando son pequeños para que sus hijos estén familiarizados con la técnica de fijar objetivos antes de llegar a la adolescencia. Los primeros objetivos suelen consistir en experiencias como saber montar en bicicleta, nadar o patinar. Sin embargo, a medida que se van haciendo mayores los objetivos se van ampliando. ¿Hasta dónde quieren llegar ellos mismos? ¿Qué puedo conseguir en el campo del atletismo? ¿Qué profesión me gustaría? ¿Cuáles son las ventajas de ir a la universidad?

Trabajar por dinero

Muchos padres le retiran la paga semanal a su hijo si no cumple sus tareas domésticas. Pero puede convertir esta estrategia en algo positivo; para ello, puede recurrir a las tablas como un medio para conseguir dinero extra. Le garantizo que funciona con todos los niños y sobre todo con los adolescentes. Primero, haga una lista de las tareas domésticas y póngale el nombre de «tareas para ganar dinero». Cada tarea equivaldrá a cierta cantidad de dinero. De esta forma, el niño que realiza la tarea se gana el dinero que le corresponde. Distribuya las tareas de manera equitativa entre sus hijos. Pero no cometa el error de darle una cantidad semanal fija e irle retirando el dinero después, sino que lo que debe hacer es empezar cada semana sin dinero y dejar que se lo vaya ganando a medida que trabaje. Los niños son mucho más capaces de realizar las labores de lo que nosotros pensamos y hay muchas tareas que pueden hacer sin dificultad. Realizar las labores del hogar enseña a los niños a que todo el mundo puede echar una mano y colaborar.

Tabla para ganar dinero

	Lunes	Martes	Miércoles	Jueves	Viernes
Raquel	Basura 7:00-7:10 10 puntos		Poner mesa 4:30-4:45 15 puntos		Lavabo 4:00-4:30 30 puntos
Andrés		Poner mesa 4:30-4:45 15 puntos		Basura 7:00-7:10 10 puntos	Muebles 4:00-4:30 30 puntos
Juan	Lavar ropa 4:00-4:15 10 puntos			Poner mesa 4:30-4:45 15 puntos	Aspiradora 4:00-4:30 30 puntos

Puede utilizar una misma tabla para todas las tareas de todos sus hijos. Asígneles una hora de inicio y una de finalización y adjudíquele un valor a cada tarea. Distribuya las labores de forma que los niños mayores trabajen más y ganen más. Así, los niños aprenden que las responsabilidades y los privilegios se obtienen con la edad. Puede hacer rotar las tareas si lo considera necesario. Cada punto debería equivaler a unas diez pesetas.

Esta técnica enseña a los niños a recordar cuándo les toca realizar una tarea. Si un niño no empieza a realizar la labor a la hora especificada, otro niño podría realizar su tarea y obtener los puntos. Por ejemplo, si Andrés no empieza a poner la mesa a las 4:30, Juan podría poner la mesa por él y obtener los 15 puntos que en un principio le correspondían a Andrés. Seguramente, Andrés replicará y dirá que esa tarea le pertenecía, pero eso sólo era hasta las 4:30.; si no la empezó a realizar a esa hora, la labor queda libre para aquel que la quiera hacer.

Si la tarea no está terminada a la hora de finalización indicada, su hijo no se gana los puntos; déjele terminar la labor si así lo prefiere, pero no se habrá ganado los puntos. Si se niega a terminarla, deje que otro niño la termine y adjudíquele a este último los puntos correspondientes.

Sea firme, pero justo. Si su hijo trabaja diligentemente durante el tiempo asignado y, aun así, no ha terminado, es que no le ha otorgado el tiempo suficiente. En este caso, sea razonable, deje que el niño acabe la tarea y adjudíquele los puntos; a continuación, varíe el tiempo en la lista, modificando el tiempo de inicio o finalización. No obstante, sólo debería realizar modificaciones si el tiempo no parece ser justo, pero debe ser firme si su hijo es tozudo o perezoso.

Una madre me explicó que esta técnica le había cambiado la vida. Sus hijos habían dejado de discutir sobre las tareas domésticas y se habían dado cuenta de que, si no hacían las labores en el tiempo indicado, su hermana o hermano se quedaría con su dinero. Si su hijo es hijo único, dígale a algún otro niño que haga la tarea y recompénsele. Seguro que no lo tiene que hacer muy a menudo.

Enséñele a sus hijos el valor del dinero

Explíqueles para qué se utiliza el dinero. Empiece cuando sólo tengan tres años: dígales porqué y cómo compramos artículos en las tiendas, que el dinero es necesario y se obtiene trabajando y no sale por arte de magia del cajero automático. Mi hijo aprendió la utilidad del dinero cuando tenía tres años y aprendió también que podía jugar una partida en una maquinita si metía una de esas «pequeñas cosas redondas y plateadas».

No le pague por todo cuanto haga. Es conveniente que no recompense a su hijo por todo cuanto haga. Lo mejor es asignarle algunas tareas como responsabilidades que tienen recompensa monetaria. Así, le está enseñando la idea de que todos necesitamos contribuir para que la familia salga adelante y cuando su hijo complete ciertas obligaciones adjudicadas, déjele elegir de la lista de «tareas para ganar dinero». También puede permitirle hacer tareas extraordinarias para ganar dinero extraordinario; si el niño, o el adolescente, necesita un poco más de dinero para hacer una actividad especial o acudir a un acontecimiento, déjele que se lo gane realizando una tarea especial como, por ejemplo, limpiar la terraza o el coche.

Introduzca gastos. A medida que los niños se van haciendo mayores y el dinero que recibe también aumenta, haga que gasten parte de su propio dinero para ciertas cosas. Entre ellas se encontrarían las citas, ir al cine, comprar un CD y cualquier otro tipo de entretenimiento, al igual que, los niños que quieren ir vestidos con ropa de marca, deberían abonar la diferencia de dinero. Cuando Anthony estaba en el quinto de primaria se le antojó comprarse unas zapatillas deportivas de marca que valían unas 18.000 ptas. Yo me ofrecí a pagar unas 6.000 ptas., puesto que consideré que era la cantidad suficiente para comprarse unas zapatillas deportivas que no fuesen de marca, y el resto del dinero lo debería poner él. Así que estuvo un tiempo haciendo trabajitos por el vecindario hasta que, más o menos en un mes, obtuvo la cantidad. Se sentía orgulloso de sí mismo y las llevaba puestas cada día. Las había cuidado con tanto esmero que un año más tarde, cuando ya se le habían quedado pequeñas, seguían estando como nuevas. Las había tratado con tanto esmero porque gran parte de lo que habían costado lo había aportado él.

Enséñeles economía. Enséñeles a comparar precios y a ver qué tamaño de paquete parece salir mejor de precio. Explíqueles porqué escoge ciertos productos. Hábleles de la inflación haciendo una visita a la biblioteca y leyendo viejos anuncios que salían antiguamente en los periódicos. Resulta bastante divertido. ¿Recuerdan cuando una barra de pan sólo costaba 20 pesetas? También me gustaría decir que, al final, Anthony no pagó las 18.000 ptas. por sus zapatillas, sino que se recorrió toda la ciudad de cabo a rabo hasta que encontró unas de oferta a 14.000 ptas. Supo ser un consumidor sabio, sobre todo con su propio dinero.

Enséñeles a hacer presupuestos familiares. Explíqueles que hay cierta cantidad de dinero que tiene que repartirse para el hogar, la comida, la ropa, el coche, etc. No intente apartar a los niños de esta realidad, sino que es bueno incluirles en su presupuesto familiar. Déjeles que participen escribiendo los cheques de las facturas mensuales.

Ábrales una cartilla de ahorros. La mayoría de los niños comprenden el significado de los ahorros cuando tienen diez años. Los niños suelen ser gastadores compulsivos. Anímeles a que ahorren cierto porcentaje de sus ingresos.

Ábrales una cuenta corriente. La mayoría de adolescentes de 16 años están preparados para tener una cuenta corriente y una tarjeta de crédito limitada. Enséñeles a manejar estos objetos, estando cerca suyo para que la situación no se descontrole.

Plantéeles objetivos financieros. Discuta con ellos planes para pagar su estancia en la universidad. Investiguen sobre becas universitarias y programas de ayuda financiera. Deje que calculen cuanto les costaría la matrícula y los gastos de vida si estudiasen fuera de su ciudad.

Déjeles que se ganen su propio dinero. La mejor forma de que los niños aprendan sobre el dinero es que empiecen a trabajar en cuanto tengan la edad legal. Ayúdeles a encontrar un trabajo que sea seguro, que tenga un horario razonable y en el que haya una atmósfera laboral agradable. Tener ingresos propios es un gran empuje para la autoestima.

¡No se pase de la raya! Es importante que los niños aprendan el valor del dinero. Tienen que saber cómo ganarlo y cómo manejarlo, pero no les enseñe a adorarlo. Gastar dinero en algo poco práctico puede resultar divertido y, sin duda, humano.

Resumen

Si los padres utilizasen palabras de ánimo con la misma frecuencia que emplean las críticas, sus hijos manifestarían una conducta más responsable. No tome todas las decisiones de sus hijos por ellos, puesto que es necesario que aprendan por sí mismos. Algunos niños tienen que experimentar el fracaso para poder apreciar el éxito.

La adolescencia es una época de gran inseguridad personal; intente tener una buena relación con sus hijos sin inmiscuirse demasiado en sus asuntos. No dé por asumido que la responsabilidad es algo que aparece de repente cuando cumplen dieciséis años: los adolescentes siguen necesitando que cuiden de ellos y necesitan tanto amor, apoyo, ánimo y dedicación como los niños pequeños.

Muchos padres les dan a sus hijos una paga semanal fija y después les van restando dinero por no haber realizado ciertas tareas. Dé la vuelta a esta estrategia para que sea positiva:

Empiece cada semana sin dinero y haga que lo vayan adquiriendo poco a poco.
(trabajo = dinero).

Cada tarea equivale a determinada cantidad de dinero.

Asegúrese de que las tareas son las apropiadas a cada edad.

No recompense monetariamente a sus hijos por todo lo que hagan en la casa.

Algunas tareas son necesarias, otras se intercambian por dinero.

Los trabajos necesarios se deben hacer primero.

Disponga de tareas extraordinarias para que puedan ganarse dinero extra cuando lo necesiten.

Cómo enseñarle a sus hijos a ser responsables

Siéntese con cada uno de sus hijos y divida las actividades y responsabilidades en tres categorías: necesarias, negociables y las que quedan a plena decisión de su hijo. Haga una lista para cada categoría. A medida que su hijo vaya creciendo y muestre mayor responsabilidad se pueden ir pasando algunos asuntos hacia la última categoría. Supongamos que llevar maquillaje empezó estando en la lista de negociación, es decir que dejaba que su hija se pusiese maquillaje, pero usted debía darle su aprobación. Cuando se hizo más mayor y empezó a mostrar mejor gusto en ponerse el maquillaje, usted pudo mover esta actividad a la última lista: «Has demostrado que sabes maquillarte con gusto. De ahora en adelante, ya no necesitarás mi aprobación. Confío en que tu misma tendrás tu propio criterio». Esta estrategia ayudará a su hijo a ver el valor en su conducta responsable.

OBLIGACIONES (lo que su hijo debe hacer):

       Aprobar las asignaturas.

       Ayudar con las tareas domésticas.

NEGOCIACIONES (su hijo tiene poder de decisión limitado, ya que necesita su aprobación):

       Hora de vuelta a casa.

       Programas televisivos.

       Maquillaje.

       Aperitivos.

DECISIÓN PROPIA (su hijo tiene plena responsabilidad):

       Deportes.

       Música.

       Actividades escolares.

Responsabilidades apropiadas a cada edad

NIÑOS DE 3 A 4 AÑOS

    Cepillarse los dientes.

    Poner la ropa sucia en la cesta.

    Emparejar los calcetines.

    Colocar la ropa limpia con ayuda.

    Ayudar a ordenar la habitación y los juguetes.

NIÑOS DE 4 A 5 AÑOS

    Ayudar a poner o quitar de la mesa los objetos irrompibles.

    Regar las plantas.

    Dar de comer a los animales.

    Recoger la correspondencia bajo supervisión paterna o materna.

    Lavar y secar platos de plástico.

    Ayudar a poner en el lavavajillas objetos seguros.

NIÑOS DE 6 A 8 AÑOS

    Limpiar su habitación.

    Responsabilizarse de la mayor parte de su higiene personal.

    Ayudar a doblar y ordenar la ropa limpia.

    Hacer la cama.

    Ayudar a colocar la compra en su respectivo lugar.

    Poner y quitar la mesa.

    Lavar y secar los platos (ojo con los objetos afilados).

    Sacar la basura.

    Barrer el suelo.

NIÑOS DE 9 A 12 AÑOS

    Responsables de la totalidad de su higiene personal.

    Dar brillo a los muebles.

    Ayudar a preparar la comida.

    Hacer parte de la colada.

Ayudar con las tareas del jardín.

Ayudar a limpiar la piscina.

Aspirar la alfombra.

Fregar el suelo.

Preparar sus propios aperitivos.

Ayudar con la compra de alimentos.

Comprarse ropa, yendo acompañados.

Limpiar el garaje.

Lavar el coche.

ADOLESCENTES DE 13 A 15 AÑOS

Hacer de canguro.

Cortar el césped.

Limpiar las ventanas.

Ayudar con la limpieza más a fondo.

Hacerse su propia colada.

Planchar algunas prendas.

Administrar su propio dinero.

Irse a comprar su propia ropa.

Realizar algún trabajo en el vecindario.

Hacer pequeñas reparaciones.

Preparar algunas comidas.

ADOLESCENTES DE MÁS DE 16 AÑOS

Hacer trabajos remunerados fuera de casa.

Preparar comidas.

Viajar bajo supervisión.

Responsabilizarse de todos los cuidados de la ropa.

Ayudar a mantener los coches.

Planificar objetivos para posterior educación.

26

Problemas
con los deberes escolares

Los deberes escolares constituyen una de las principales fuentes de conflicto entre padres e hijos, ya que los niños evitan hacerlos, dejándolos siempre para el último momento. Dicen que se les olvidó traerlos a casa, que les llevan demasiado tiempo hacerlos, o bien que los hacen en un *plis plas* y, sin duda, la mayoría no se esfuerza como debería. Los padres, ante estas conductas, se sienten frustrados y se acaban enfadando. La fuente de esta frustración suele ser la decepción: ellos quieren manzanas perfectas y se suelen avergonzar cuando sus hijos no hacen los deberes como es debido. ¿Qué va a pensar el profesor de mí?

La mayoría de los padres son conscientes del valor de los deberes, pero sus hijos no. Los padres saben que los deberes refuerzan las habilidades y que la práctica hace la perfección, pese a que sus hijos piensan que no se trata más que de ejercicios repetitivos para mantenerles ocupados. Los padres saben que los niños que hacen los deberes bien hechos aprenden más y sacan mejores notas; en cambio, algunos niños contemplan los deberes como un castigo por no haberlo terminado todo en el colegio.

Los padres y los profesores deberían colaborar juntos para guiar a los niños en el desarrollo de unos buenos hábitos en relación a los deberes escolares. Los profesores tienen que explicar a sus alumnos el valor de los deberes, deben decirles que su función es ayudarles a aprender y que verán la recompensa en sus notas y en el futuro. Los deberes ayudan a desarrollar responsabilidad e independencia. Asimismo, ayudan a los niños con las técnicas de organización y les enseña a saber administrar el tiempo de que disponen.

Sobre los profesores recae la responsabilidad de asegurar que los deberes no sean aburridos. Además, también deben asegurarse de que éstos se corresponden con el nivel del niño: debe tratarse de una tarea justa. Si su hijo trabaja duro durante una hora para hacer un ejercicio que parece que sólo necesita diez minutos, debe ponerse en contacto con el profesor y modificar los deberes en este caso; sin embargo, debe asegurarse de que su hijo está esforzándose al máximo (hay algunos niños que lo hacen despacio a propósito).

Los profesores también deberían diseñar un programa de incentivos para motivar a los niños a completar sus deberes a tiempo y esforzándose al máximo. Algunos profesores recurren a las tablas. Así, los estudiantes que terminan un ejercicio de forma satisfactoria se ganan una estrella, que pueden intercambiar por tiempo para realizar otras actividades. Algunos profesores de los últimos años de escuela primaria y de escuela secundaria e institutos suelen mostrar una actitud contraria a la idea de utilizar incentivos para motivar a los niños a hacer los deberes. Estos profesores creen que los niños deben hacer los deberes para demostrar que son responsables. Tienen razón y es cierto que los niños deben aprender el valor del estudio. No obstante, si un niño no tiene la suficiente motivación interna para terminar los deberes, las tablas y los contratos le pueden aportar la motivación externa que necesitan para que siga caminando en la dirección apropiada. Si su hijo no está motivado y el profesor no tienen ningún tipo de incentivos planeados, en ese caso, usted mismo puede diseñar su propio programa en casa.

Cómo ayudarles a hacer los deberes

Se deben considerar diversos factores a la hora de desarrollar buenas estrategias para facilitar que se hagan los deberes. Es una buena idea visitar o llamar al profesor de su hijo para preguntarle sobre su política en lo que a deberes respecta. ¿Con cuánta frecuencia les pondrá deberes? ¿Cuántos ejercicios más o menos? ¿Sobre qué materias? Pídale que le notifique con antelación cuándo está prevista la entrega de los trabajos más largos. ¿Cuándo tendrán lugar los exámenes? ¿Habrá algún tipo de manual de estudio? Toda esta información le permitirá desarrollar un plan más adecuado para la realización de los deberes.

Los niños tienen que saber que los deberes es algo que deben hacer ellos y no usted. Muchos padres tienen que estar vigilando a sus hijos cada noche cuando hacen los deberes y cada redacción es una lucha. Los deberes es algo entre el niño y su profesor, y usted sólo debe facilitarle la tarea, es decir, ayudarle (pero no realizar los ejercicios por él). Tenga cuidado en no caer en este fallo. Si usted ya está atrapado en este dilema, arréglelo hoy mismo, diciéndole a su hijo que su responsabilidad es ayudarle, pero que la de él es hacer los deberes. A continuación, le explicamos qué puede hacer para ayudarle.

Asegúrese de que su hijo tiene suficiente tiempo para completar los ejercicios. Hay niños que hacen innumerables actividades: atletismo, lecciones de música, clases de baile, grupo de acampada, etc. Estas actividades son excelentes, pero los deberes deben ser la prioridad. Fije una hora para la realización de los deberes cada día. Si es posible, negocie la hora y el tiempo con sus hijos y adapte el horario en relación con el resto de actividades. Deje que el profesor dé su opinión sobre el tiempo que se necesitará para realizarlos; y, si su hijo no tiene deberes un día, puede leer su libro favorito durante 30 minutos y haga lo mismo con los niños que los «olvidan». Estas técnicas permiten a los niños conocer la importancia de los deberes.

Determine un lugar específico para realizarlos. Este lugar tendría que estar desprovisto de cualquier tipo de distracción; así que, apague la televisión durante ese tiempo y aproveche para leer mientras tanto, siendo un ejemplo para sus hijos. Asegúrese de que su hijo tiene una mesa y una silla; también sirve la mesa de la cocina, siempre y cuando no haya ruidos. Asegúrese de que la luz es apropiada y tenga todo cuanto su hijo pueda necesitar a su disposición para que no tenga que perder tiempo buscando un pegamento, una cinta o papel. El profesor de su hijo puede hacerle una lista de todas las cosas que puede necesitar para que usted las ponga dentro de una caja; debe pensar que los niños mayores pueden necesitar una calculadora y, con el tiempo, un ordenador.

Algunos niños se niegan a hacer los deberes. Lo primero que hay que hacer es asegurarse de que su hijo es capaz de hacerlos. Póngase en contacto con el profesor y, si éste reconoce que está totalmente capacitado para realizarlos, puede que su hijo contemple los ejercicios como inalcanzables; por eso, divídale la tarea en partes más pequeñas y, por lo tanto, más sencillas de realizar y así, se asegurará de que puede cumplirla. Prepare después el ejercicio con su hijo, léale el enunciado e intente explicárselo. Hagan el primer ejercicio juntos; de esta forma, él verá que no es tan difícil. Anímele en cada paso: «haz los tres siguientes tú solo y después vendré a ver si los has hecho bien»; dígale, pues, a su hijo que confía en su capacidad para realizar los deberes: «No has tenido problemas para hacer el primero, seguro que haces los otros tres también bien». Esté disponible para cualquier tipo de preguntas.

Algunos niños se niegan a hacer deberes porque ponen en tela de juicio la importancia de los ejercicios. «¿Por qué tengo que hacer esto? Es estúpido.» «Ya lo hice el año pasado y no voy a volver a hacerlo.» Desgraciadamente, todos los ejercicios no tienen la misma importancia para todos los niños. Hay algunos ejercicios que son irrelevantes y aburridos, pero también se deben hacer. No siempre tienen que gustarles los ejercicios pero, aun así, tienen que hacerlos. Así es como funciona el mundo real y en todos los trabajos hay algún aspecto que no nos gusta, pero nos acostumbramos.

Enséñeles a sus hijos a hacer primero la peor parte. Si su hijo tiene dificultades con las matemáticas, dígale que haga primero los ejercicios de esta asignatura. Cuando los haya terminado, se sentirá aliviado y los ejercicios que le quedarán por hacer no supondrán tanto esfuerzo. Hacer lo más difícil al principio tiene sentido, puesto que su hijo prestará más atención entonces.

Los estudiantes de cursos superiores necesitan un compañero para hacer los deberes. Dígale a su hijo que se apunte el número de teléfono de algún compañero de clase y cuando su hijo tenga dificultades para realizar un ejercicio, se le haya olvidado o se haya puesto enfermo un día, puede llamarle para que le facilite la información y la ayuda. Los estudiantes mayores, por otro lado, deberían utilizar una agenda de deberes.

Algunos niños intentan hacer los deberes lo más rápido posible. Este hecho sólo constituye un problema si el trabajo se hace de forma chapucera o de mala manera. Si el ejercicio se ha hecho de forma correcta y limpia, hay que aceptar que los deberes se han acabado en vez de penalizar a su hijo por haberlo hecho rápido. En cambio, si los ejercicios se han hecho de forma chapucera o errónea, haga que su hijo repita el ejercicio y, si usted sospecha de antemano que su hijo va a hacer los deberes corriendo y de mala manera, anticípele las normas y consecuencias.

Incentivos para hacer los deberes

Para la mayoría de los niños basta con poner en práctica las estrategias de organización y planificación, que han sido expuestas anteriormente, junto con palabras de ánimo y aliento para que hagan los deberes de forma satisfactoria. Sin embargo, algunas veces estas tácticas no son suficientes y algunos niños se siguen negando a hacerlos y otros siguen perdiendo el tiempo adrede. En esos casos, debe poner en práctica mayores incentivos.

Utilice programas educativos para ordenador para motivar a sus hijos. Hay infinidad de programas disponibles que ayudan a reforzar la lectura, la habilidad para deletrear palabras y la capacidad para realizar ejercicios matemáticos. También hay enciclopedias interactivas y programas de ciencia e historia en CD ROM. Asimismo, existen muchos servicios en Internet y, sin duda, esta es una forma de aprender más divertida para los niños.

Las listas de seguimiento, las tablas y los contratos también son buenas tácticas para aumentar la motivación: ofrézcales la oportunidad de ganarse recompensas diarias, semanales o a largo plazo. Haga una lista de las actividades específicas que su hijo debe realizar para mejorar sus hábitos de realización de deberes.

Esta lista de seguimiento subraya la importancia de asumir responsabilidades. Los niños tienen que darse cuenta de que sacar buenas notas y hacer bien los deberes es bueno para ellos. Usted ya ha obtenido su educación y ahora les toca a ellos ser responsables de la suya para satisfacerse a sí mismos. Por lo tanto, subraye la autorrecompensa.

El castigo no motiva a los niños a esforzarse más en el colegio ni a hacer los deberes: esta no es la forma correcta para que su hijo aprenda. La motivación para aprender y para esforzarse en el colegio sólo se puede conseguir mediante el apoyo y la disciplina personal. Evite luchas de poder debido a los deberes, porque con las peleas por este motivo sólo conseguirá que su hijo conozca otro más de sus puntos débiles.

	Lunes	Martes	Miércoles	Jueves
Hacer redacciones				
Traer materiales a casa				
Empezar a tiempo				
Hacerlos de forma independiente				
Hacerlos de manera limpia y precisa				
Repasarlos				
Terminar a tiempo				
Entregarlos				

Resumen

Los padres, los profesores y los niños deben colaborar para desarrollar buenas actitudes sobre el aprendizaje y los deberes. Hable con el profesor de su hijo para averiguar su opinión respecto a los deberes. Deje que su hijo tenga tiempo suficiente y un lugar adecuado para la realización. Sea coherente con la rutina fijada porque, de esta forma, su hijo aprenderá que el colegio y los deberes son importantes. Utilice una lista de seguimiento, una tabla o un contrato para fomentar la motivación. Enseñe a los niños el valor de su educación porque ahí reside la clave de su futuro.

27

Falta de atención, hiperactividad y conducta

Los niños pueden dividirse en dos grupos: los que son fáciles de educar y los que son difíciles. Los padres a menudo se preguntan por qué todos sus hijos se comportan bien menos uno: tienen uno que es quien les causa el mayor sufrimiento. Tuve la oportunidad de saber de qué hablaban cuando tuve que tratar a un adolescente al dar mis primeros pasos profesionales; el chico tenía 14 años. Su padre era un importante y conocido director de colegio; su madre era profesora y tenían nueve hijos; ocho de ellos habían conseguido grandes éxitos en todos los aspectos de la vida, pero había uno que era un delincuente. Es así y creo que nadie tiene la respuesta.

¿Por qué es este niño tan problemático?

He escuchado a cientos de padres que me decían que su hijo «había sido difícil desde su nacimiento». Los niños tienen diferentes caracteres, habilidades e intereses y por eso se comportan de forma diferente. Saber *por qué* un niño es más difícil de educar que otro no es lo importante, sino que lo esencial es saber controlar la situación. Los niños difíciles requieren más energía y atención de los padres; por tal motivo, si usted quiere que todos sus hijos se comporten bien y tiene dos que muestran una conducta difícil, eso significa que usted tendrá que implicarse más en la tarea de padre.

Los niños con el *trastorno de falta de atención*, son un verdadero reto para padres y profesores: estos niños conservan la atención durante un breve tiempo y son mucho más impulsivos que el resto de niños de la misma edad; cabe añadir que la mayoría de estos niños también son hiperactivos y padecen el *trastorno hiperactivo de déficit de atención* y el tratamiento más adecuado para ambos tipos de síntomas incluye cuatro aspectos: tratamiento médico (a menudo implica medicinas), planificación educacional, atención psicológica en que se trate al niño individualmente y a la familia, y planificación de la conducta. Ahora exponemos un ejemplo de plan de conducta que puede utilizarse con un niño que presenta este tipo de problema o cualquier otra necesidad especial.

Planificación para niños problemáticos

Algunos niños presentan déficits de atención e hiperactividad que provocan una conducta impulsiva; puede que su conducta problemática aumente debido a la frustración que experimenta su hijo. Algunos niños padecen alergias y toman medicación que afecta su estado de ánimo y puede incrementar sus niveles de actividad. Estos factores hacen que impartir disciplina se convierta en una tarea mucho más ardua, por lo que usted deberá discernir cuidadosamente la conducta inaceptable del efecto de su trastorno. Sea por este motivo, extremadamente positivo y coherente durante estos periodos.

Hoy Juan se está comportando de forma más activa de lo normal. Está en todas partes y su madre no sabe muy bien qué hacer. Le ha visto en este estado otras veces, pero siempre ha encontrado alguna excusa para dejarle hacer lo que quería en días así y ha aprendido que las excusas no ayudan a Juan a controlar su problema. Pero ahora tiene un plan, así que, en cuanto la madre se da cuenta de que Juan está demasiado alborotado o energético, le aparta un momento de los demás y le dice: «Juan, hoy estás muy activo, necesitas tranquilizarte. Hasta ahora lo has hecho bien y no me gustaría que te metieses en líos. ¿Por qué no nos sentamos los dos juntos un rato? Te contaré una historia y tú, mientras tanto, respira lentamente y relájate».

Éste es el plan de la madre (y es un plan que funciona con todos los niños). Sabe que es importante intervenir pronto y actúa en cuanto percibe que Juan se está acelerando; si esperase hasta que él se descontrole totalmente, le sería mucho más difícil tranquilizarle. La madre también ha aprendido a mantener la calma y este estado influye en el hecho de que Juan también se tranquilice; si la madre se enfada o grita, Juan empeorará. La madre se sienta con él, en vez de limitarse a decirle «tranquilízate» y dejarle solo, y hace que Juan se interese en una actividad relajada: escuchar una historia, pidiéndole que respire lentamente para ayudarle a relajarse. De esta forma, está guiando la conducta de Juan. Algunos niños necesitan que les ayuden a guiar su conducta escuchando música tranquila, utilizando los auriculares, escuchando un cuento en una cinta o mirando la televisión.

Después de cierto tiempo practicando esta técnica, Juan sólo necesitará una señal del padre que le recuerde que debe mantener el control. Si la madre y Juan practican esta técnica coherentemente cada vez que se alborote demasiado, establecerán unas pautas de conducta y Juan aprenderá a responder según su nivel de actividad: con el tiempo, sabrá controlarse a sí mismo. Una vez trabajé con una madre que le decía a su hijo «necesitas ir a la playa» como señal para que se relajase; a su hija le gustaba relajarse en el océano y cuando escuchaba esta señal se liaba una toalla a la cabeza, se tumbaba y pensaba en el mar.

Remedios en casa

Los niños como Juan requieren coherencia, ya que necesitan estructura y rutina. Elabóreles un horario en el que haya una hora para levantarse, otra para comer, tiempo para hacer los deberes, para realizar las labores del hogar, ver la televisión, recreo, etc. Utilice un reloj o una alarma para lograr que su hijo entienda el proceso y se sienta más motivado. No cambie su rutina a menos que el niño lo sepa con antelación.

Deje las normas claras por escrito. Para ello podría ser útil recurrir a las tablas o a los contratos: las consecuencias, así como los castigos y los incentivos, deberían dejarse por escrito por adelantado.

Cuando le dé las instrucciones, utilice un lenguaje claro, y ejemplos siempre que le sea posible y simplifique las normas. Recuerde no darle más de dos instrucciones a la vez y pídale a su hijo que se las repita antes de que empiece a realizar la tarea.

Disponga de un lugar adecuado para que su hijo se pueda tranquilizar. También puede utilizar el mismo lugar, que deberá estar desprovisto de cualquier distracción, para que lea o haga los deberes.

Mantenga la calma. Los niños como Juan pueden provocarle mucha frustración, pero debe recordar que, si se enfada, no hará más que agravar la situación.

Por otro lado, muchos niños como Juan necesitan que los padres sean consecuentes cuando manifiestan mala conducta; el tiempo muerto es, entonces, una forma excelente para enseñar a los niños problemáticos.

Resumen

Esta claro que muchas de las ideas que se han expuesto en este capítulo funcionarán para cualquier niño y no sólo para los que presentan problemas especiales. No utilice cualquier incapacidad como una excusa para la mala conducta porque, de hacerlo, le estará enseñando a su hijo que su debilidad es un apoyo que puede utilizar como excusa el resto de su vida. Juan padece un trastorno de déficit de atención; suele decir: «No me puedo comportar bien hoy porque se me ha olvidado la pastilla», dado que sus padres le habían enseñado que la pastilla controlaba su conducta. Los niños con problemas necesitan saber que la única forma para superar sus debilidades es ser diligente y trabajar duro. Las excusas sólo aumentan su discapacidad: los niños que padecen problemas especiales necesitan planes de acción especiales, en vez de excusas. Centre su tiempo, energía y coherencia en sus hijos más problemáticos, y los niños que no son tan difíciles se las sabrán arreglar en la vida gracias a su amor y disciplina.

28

Divorcio y conducta

María era el tipo de estudiante al que los profesores preguntan cuando quieren una respuesta imaginativa. Era una niña que tenía reputación de ser alegre y sociable. Además, estaba dotada con inteligencia, personalidad y confianza en sí misma. Sacaba buenas notas y era la cabecilla de su grupo de amigas. El mundo era un lugar emocionante para María, que se mostraba muy optimista y entusiasmada con su vida y futuro.

De repente, su vida dio un vuelco. Pasó de ser una estudiante de matrículas a los suspensos, de alegre a reservada y de cabecilla a perdedora. Se había vuelto insegura de sí misma, distraída, olvidadiza y deprimida, y el colegio ya no le importaba tanto.

¿A qué se podía deber esta espantosa transformación? María padecía una enfermedad que no tiene nombre, pero que en algunos colegios llega a afectar hasta al 80 por ciento de los niños. Los padres de María se habían divorciado.

La forma de pensar de los niños

Cuando conocí a María, hizo todo cuanto pudo para convencerme de que no tenía ningún problema. Esta reacción es típica en muchos niños que experimentan la angustia provocada por el divorcio de sus padres, que no quieren explicar por qué de repente les va mal en el colegio ni decir que se sienten heridos emocionalmente. María no quería decir nada que pudiese empeorar las dificultades que estaban atravesando en casa. Los niños se dan cuenta de la situación y el estrés que padecen los padres y tienen miedo de que sus sentimientos no hagan más que intensificar la insatisfacción de todos. Por esta razón los niños deciden no hablar a los padres sobre sus sentimientos en relación con su divorcio. Estos sentimientos escondidos aumentan la ansiedad y debilitan la capacidad del niño en sus tareas escolares. Hay que añadir que, de igual forma, estos sentimientos reprimidos pueden sembrar la semilla de grandes problemas en el futuro.

«¿Qué opinas de que tus padres se vayan a divorciar?»

«Pues no me gusta la idea.»

«¿Qué quieres decir?»

«Que mi madre llora mucho.»

«¿Y tú cómo te sientes?»

«Triste. Me gustaría que dejase de llorar.»

«¿Sabes por qué se divorcian tus padres?»

«Es que antes se peleaban mucho.»

«¿Se han peleado a veces por ti?»

«Sí.»

«¿Crees que tú tienes la culpa de que tus padres se hayan divorciado?»

«Sí, ha sido todo culpa mía.»

Y con estas palabras, los ojos arrepentidos de María se inundaron de lágrimas. Le acerqué una caja de pañuelos de papel y le dije que era bueno llorar. Lloró abiertamente durante unos minutos: estaba desahogándose de toda la carga emocional que había aguantado dentro durante meses. Cuando recuperó el aliento dijo:

> «Una vez, yo estaba en frente del televisor y mi padre me gritó para que me apartase. Entonces mi madre le gritó a él y le dijo que me dejase de gritar. Después tuvieron una pelea muy fuerte y mi padre se fue de casa. Dos semanas después me dijeron que se iban a divorciar. Por eso creo que se van a divorciar por mi culpa.»

A María le remordía la consciencia y se sentía responsable del divorcio de sus padres. Alrededor de la mitad de los niños con los que he hablado tras el divorcio de sus padres se sienten responsables y creen: «Si me hubiese comportado mejor y hubiese hecho mis tareas domésticas, si hubiese ordenado siempre mi habitación y sacado mejores notas, mis padres todavía estarían juntos. Si hubiese sido mejor chico, nada de esto hubiese ocurrido». Los niños se culpan a sí mismos y pueden crearse una extrema presión que desemboca en baja autoestima, inseguridad y depresión. Cuando un niño se siente culpable o deprimido, el colegio deja de ser lo más importante.

Qué ocurre en el colegio

Hace 25 años, el porcentaje de divorcios no era muy alto y, por lo tanto, no merecía mucha atención. Sin embargo, hoy en día la situación es diferente y hemos ido aprendiendo mucho a lo largo de los años. El divorcio tiene consecuencias negativas en los niños, ya que adoptan una posición defensiva, a veces, atacándose a sí mismos. Pérdida, rechazo, abandono, soledad, miedo, culpa, estrés y rabia hacen mella. La mayoría de los observadores ven una conexión entre el porcentaje de divorcios y el aumento de delincuencia, abuso de drogas y abandono escolar.

Dado que la mayoría de los chicos que me han enviado por problemas de conducta o de aprendizaje habían sufrido el divorcio de sus padres, he aprendido mucho sobre cómo afecta esta situación a los niños en el colegio. También he tenido la oportunidad de desarrollar algunas ideas sobre la prevención y el tratamiento, las que presento a continuación.

Los ninos tienen vínculos psicológicos con ambos padres. Cuando los padres se divorcian es como si parte de su personalidad se hiciese añicos y que les falta la mitad de su «ser». Estos sentimientos de pérdida, rechazo y abandono acaban con la capacidad de concentración de los niños en los estudios.

Estos sentimientos negativos aumentan cuando los padres se lanzan ataques el uno al otro o se degradan. Cuando un padre hace maliciosamente comentarios negativos de su pareja en frente de los hijos, éstos se preocupan de que esas horribles cualidades también se den en su persona: «si papá es una mala persona, entonces ¿soy yo también una mala persona? Después de todo, me parezco mucho a papá».

Cuando los padres intentan vengarse el uno del otro o parecer mejor que su pareja, los niños se sienten muy confundidos. Una vez trabajé con una familia en que la madre insistía en que los niños tenían que apartarse de la violencia. Una petición razonable porque las actividades favoritas del padre los fines de semana era ver películas de guerra y hacer excursiones al campo para tirar con el rifle. Mientras que los padres discutían sobre lo que convenía y no convenía a los niños, éstos se empezaron a alejar el uno del otro y empezaron a ser inestables emocionalmente.

Algunos niños de padres divorciados pierden el contacto con uno de sus padres. Los padres de Carlos se habían divorciado hacía cinco años. Su padre se había vuelto a casar y había tenido otros hijos con su nueva mujer. Con el transcurso de los años, Carlos fue perdiendo el contacto con su padre.

«Siento que no le gusto a nadie.»

«¿Te sientes así porque no ves a tu padre?»

«Sí.»

«¿Qué quieres decir?»

«Tiene que haber algo que no le gusta de mí. Tiene que haber alguna razón por la que ya no me visita.»

«¿Crees que has hecho algo malo?»

«Sí, debo de haber hecho algo malo. Quizás es que soy un mal chico.»

«¿Crees que eres un mal chico?»

«Sí.»

«¿Te sientes así muy a menudo?»

«Sí, continuamente.»

«¿Piensas mucho en tu padre?»

«Cada día.»

Los sentimientos de rechazo y de pérdida de Carlos habían calado hondo: creía que no servía para nada y estaba seguro que el hecho de ya no tener contacto con su padre se debía a que éste pensaba que no valía la pena quererle y pasar tiempo con él. Cada día pensaba en ello y su falta de autoestima afectaba a todos los aspectos de su vida; tenía miedo a hacer amigos, a sacar buenas notas e incluso tenía miedo a perder a su madre. Si su padre no se interesaba por él y si le había abandonado, también lo podían hacer los demás.

Algunos niños se preocupan por perder al padre con que conviven. Si uno de los padres le ha abandonado, ¿cómo puede saber que el otro no lo hará? ¿Quién cuidará de él? Ésta es otra de las razones por la que los hijos no hablan con los padres acerca de sus sentimientos. Una niña de siete años me dijo una vez: «Mi madre está muy enfadada con mi padre. Si le digo lo triste que me siento, se enfadará aún más y quizás también me abandone a mí». Los niños tienen miedo de hacer o decir algo que pueda alejarles aún más de sus padres o que haga que ambos les abandonen.

La rabia y la agresividad son reacciones típicas ante un divorcio, sobre todo cuando los padres se pelean. Los padres de Esteban se habían divorciado ya hacía algunos meses y, durante este período, Esteban se había vuelto más y más agresivo, tanto en el colegio como en casa. ¿Qué podía haber provocado tal rabia y agresividad? Esteban estaba enfadado con su padre porque les había dejado, porque no pasaba suficiente tiempo con él y porque tenía una novia. Pese a su enfado, Esteban no dirigía estas emociones hacia el padre porque creía que, de hacerlo, le alejaría aún más y, por esta razón, arremetía contra sus compañeros de clase, ya que era relativamente más seguro; asimismo, la tomó con su hermana pequeña porque a ella le gustaba la novia de papá.

Esteban también estaba enfadado con su padre porque no le daba tanto dinero como antes: «Estoy enfadado porque ahora tengo menos dinero y ya no puedo hacer las cosas que hacía antes. Mi padre lo tiene todo». Los niños aprenden rápido que el divorcio significa tener una posición financiera más baja y se preocupan por sus actividades y necesidades cotidianas. ¿Cómo vamos a comprar comida ahora? ¿Nos tendremos que ir a vivir a una casa más barata? ¿Cuándo me van a comprar ropa nueva? ¿Y qué pasa con la bici que me iban a regalar? ¿Podré seguir yendo a las clases de baloncesto? Los niños se preocupan por el dinero y los cambios que se pueden derivar de unos ingresos menores. Es difícil pensar en la Revolución Francesa cuando no sabes cómo se van a pagar las facturas.

El cambio atemoriza a los niños y, a menudo, uno de los padres coge a los niños y se marcha de casa. Puede que vayan a vivir con familiares o a barrios más baratos. Para muchos niños esto significa una nueva casa, nuevo colegio, nuevas amistades y más estrés. Todo esto, añadido a la pérdida de un padre y a un cambio radical de su forma de vida, da como resultado los ingredientes necesarios para un trauma emocional que, sin duda, afectará negativamente a sus estudios.

Algunos niños tienen miedo de que a uno de los padres le entre un arrebato de rabia o resentimiento y les aparte de su vida. Este miedo aumenta cuando los padres amenazan o hacen comentarios hostiles como «Me llevaré a los niños lejos de ti y nunca más los volverás a ver». El pensar que nunca más van a ver a su madre o a su padre les aterroriza y esto suele ocurrir cuando a un padre se le niega el derecho de visita a sus hijos. Como resultado, los niños tienen miedo a salir del colegio, ir a casa o estar en alguna situación en la que les puedan secuestrar.

Más de la mitad de los niños con los que he hablado esperan que sus padres se reconcilien y vivan juntos. Es comprensible que los niños piensen así porque quieren que su familia sea como era antes: ésta es una fantasía con la que la mayoría de los niños sueñan a pesar de los hechos. Un estudiante de primer año de universidad me explicó una vez que, a menudo, pensaba en cómo reconciliar a sus padres; éstos se habían divorciado cuando él tenía seis años y ambos se habían vuelto a casar hacía ya mucho tiempo, pero él seguía barajando esta posibilidad.

Efectos retardados

Las consecuencias de un divorcio duran años y años. Una vez, una madre me visitó para hablarme de su hija de 17 años, Carmen, que siempre había sido muy buena estudiante; estaba hecha toda una mujercita educada y digna de confianza, pero en sólo dos meses se produjo un cambio radical: Carmen dejó de ir al colegio, empezó a ser promiscua y a tomar drogas. Cuando hablé con Carmen ella sabía exactamente lo que le pasaba. Estaba enfadada con su padre que les había dejado a su madre y a ella cuando sólo tenía siete años; Carmen tenía la esperanza de que volviese y, si lo hacía, tenía que asegurarse de que él se sentiría orgulloso de ella y, por eso, se esforzaba tanto. No obstante, al final se había dado cuenta de que nunca volvería y se dijo: «¿Para qué tengo que ser buena? Voy a dejar de esforzarme porque prefiero pasármelo bien».

Habían pasado diez años desde que se fue el padre de Carmen; habían tenido que pasar diez largos años para que el resentimiento y la pérdida de la niña se manifestase en la forma en que lo hizo al final; diez años para que las consecuencias del divorcio fuesen visibles. Resulta fácil descartar un acontecimiento que ocurrió hace diez años como la causa de un cambio reciente, pero ahora sé que el impacto del divorcio puede ser inmediato o puede tardar mucho tiempo hasta que salga a la superficie. Los profesores y otros profesionales de la enseñanza deben ser conscientes de este hecho cuando trabajan con niños problemáticos. No pasen por alto un divorcio como causa de la conducta de un niño o de sus cambios de estado anímico porque ocurrió hace muchos años, puesto que puede seguir estando fresco en su memoria.

La vuelta a casa el lunes por la mañana

La consecuencia más perjudicial del divorcio para los hijos es la vuelta a casa el lunes por la mañana, después de haber pasado un fin de semana con papá (o mamá). Muchos niños ven sólo los fines de semana —normalmente dos al mes— al padre que no ha obtenido la guarda y custodia; después de volver a casa tras la visita de fin de semana, tienen que pasar por un periodo de adaptación que puede durar algunos días: algunos niños se quedan ensimismados, están como en otro mundo y dejan de mostrar motivación; otros se enfadan, se ponen de mal humor o peleones y llevan continuamente la contraria; a veces, también puden mostrarse vengativos y agresivos.

Hace algunos años, cuando el divorcio era menos común, los profesores y los padres asumían que la conducta del lunes por la mañana se debía a un fin de semana de libertad sin límites y sin disciplina. La conclusión popular a la que se llegaba era que los niños deberían ver menos a este padre. Es cierto que los padres que sólo ven a sus hijos los fines de semana tienen tendencia a complacer a sus hijos, pero, de todas formas, la conducta del lunes por la mañana tiene otras causas.

Ahora sabemos que la vuelta del lunes por la mañana está causada por ver demasiado poco al padre del fin de semana. Hay dos razones principales: la primera es que en un fin de semana casi no hay tiempo para conocer a alguien a un nivel afectivo o íntimo y, cuando el padre y los hijos empiezan a sentirse más a gusto, se acaba; los niños, entonces, reviven la pérdida de este padre cada domingo por la noche y, puesto que se necesitan varios días para superar una pérdida, se produce la conducta de la vuelta. La segunda es que muchos padres de fin de semana se sienten como extraños en la vida de sus hijos: no se ven lo suficiente como para saber sus gustos, sus intereses, sentimientos o pautas de conducta; los padres que sólo ven a sus hijos los fines de semana no llegan a conocer a sus hijos ni los hijos a los padres. Como resultado se produce el síndrome «Disneylandia», es la tendencia a programar todo el tiempo del fin de semana con actividades caras y divertidas, regalos y comida «basura». Esto provoca dos cosas: hace que los niños piensen que su padre es bueno, como también elimina la necesidad de una rutina diaria. Los niños, además, no suelen manifestar mala conducta cuando reciben una avalancha de regalos y diversión.

¿Cuál es el remedio? Pasar más tiempo con el padre que no posee la guarda y custodia; hacer que se vean todos los fines de semana, puesto que un régimen de visitas más elevado elimina los sentimientos de pérdida y la conducta de vuelta disminuye. Pasar más tiempo con este padre también neutraliza los efectos «Disneylandia» puesto que, a medida que este padre se siente más involucrado en la vida de sus hijos, se producirá más tiempo rutinario y el padre tendrá una visión más amplia de la vida de sus hijos y estará más comprometido en todos los aspectos, incluyendo la disciplina. Normalmente, el resultado es más colaboración y coherencia entre ambos padres y un ambiente más estable para los hijos que conducirá a una mejor conducta por su parte, tanto con los padres como en el colegio.

Los tres deseos de un niño

Las consecuencias de un divorcio en los niños no se pueden eliminar, pero el impacto se puede reducir. Con este objetivo, se presenta a continuación una lista de circunstancias óptimas, que no siempre resultan fáciles para los padres, pero que son las más propicias para los niños.

Primer deseo. Los niños deberían poder contactar libremente con ambos padres. Deberían poder telefonear o ver a cada uno de los padres sin temor a ofender al otro; no deberían, por lo tanto, tener que elegir entre uno u otro, ya que este hecho crea una situación de pérdida: se queda con un padre y pierde al otro. Los niños necesitan que se les permita querer a ambos padres, aunque estén delante de quien estén.

¿Qué pasa si uno de los padres vive lejos? Muchos padres ausentes creen erróneamente que será mejor para los niños que se alejen y que vivan sin ellos. Eso no es cierto, sino que se debe promover al máximo el contacto con ambos. Si vive lejos, escriba cartas y haga llamadas telefónicas; a los niños también les encanta el correo electrónico; puede enviarles cintas de vídeo o de cassette con mensajes y fotografías; también se deben hacer llegar copias de las notas del colegio y de las invitaciones a acontecimientos. Los padres deberían tener contacto con los niños en vacaciones: cuanto más contacto, mejor. Si un padre se niega a visitar a su hijo, explíquele a su hijo que no es su culpa, que no tiene nada que ver con él y destaque en su hijo todas sus cualidades positivas para reforzar su autoestima.

Hay algunas situaciones en las que se puede restringir las visitas; por ejemplo, un padre que ha abusado de sus hijos debería visitarles bajo supervisión. En estas situaciones, los niños deberían seguir un tratamiento psicológico.

Segundo deseo. Los niños quieren que exista coherencia para sentirse seguros y a salvo. Los padres deberían establecer normas y consecuencias similares en ambas casas; para ello, se deberían ver periódicamente para discutir y acordar la rutina diaria la comida, las películas, el horario para ir a la cama, para el baño, los deberes, iglesia, etc. Si los padres colaboran, los niños tienen una buena opinión de los dos y está claro que los hijos quieren tener unos padres agradables, tanto como los padres unos hijos con la misma cualidad. La coherencia hace que exista un equilibrio y les ayuda a adaptarse a la situación de divorcio, y una mejor adaptación significa mejores resultados escolares.

Muchos padres solteros se sienten culpables y muestran una tendencia a ceder ante la mala conducta. Ponen excusas en boca de sus hijos: «No es su culpa. Se siente confundido». Pero ceder a la mala conducta es un fallo; debe ser coherente: sea comprensivo y apoye a sus hijos, pero no caiga en la trampa de dejarles que manifiesten una conducta inaceptable. Los niños necesitan límites y coherencia.

Tercer deseo. Los niños necesitan saber que sus padres están interesados en su vida. Los padres no se divorcian de sus hijos y ellos necesitan tener a ambos. Estos objetivos van más allá de la custodia compartida: los niños necesitan que los dos participen activamente en todos los aspectos de sus vidas, sobre todo en el colegio; asistiendo a reuniones con profesores –si no puede ser juntos, por separado– y a las funciones teatrales del colegio; se pueden sentar por separado o decidir a quién le toca asistir al evento. Que se sientan involucrados en las actividades escolares indica que ambos creen que el colegio es prioritario y, por consiguiente, para el niño será más importante sacar buenas notas.

Qué pueden hacer los colegios

Los colegios tienen la responsabilidad de mantener el contacto con ambos padres, incluso si los padres que tienen la guarda y custodia no están de acuerdo. Los colegios deberían poner en práctica un modelo para facilitar este contacto; dado que los niños se interesan más en los estudios cuando los dos padres están interesados en el proceso educativo, los colegios también deben realizar un esfuerzo para incluir a ambos padres. Estaría bien que enviasen las notas a ambos padres y dos invitaciones a las reuniones y a los eventos; asimismo, es buena idea comunicar a ambos telefónicamente la buena actitud del niño. Así, se creará un ambiente hogar-colegio-hogar mucho más estable y alentador para él.

Los profesores también deberían ser conscientes de que los niños que experimentan el divorcio de sus padres suelen manifestar problemas de conducta así como emocionales. Por esta razón, deberían facilitarles todo el apoyo y el ánimo que necesitan en los momentos difíciles. Es bueno que sepan escuchar y dejar que los niños hablen sobre sus sentimientos. Puede que el profesor sea el único adulto con quien los niños desean hablar.

Familias mezcladas o ampliadas

Un segundo matrimonio suele dar lugar a familias mezcladas. Las familias mezcladas son aquéllas que incluyen a hijos del matrimonio anterior de él, de ella e hijos del presente matrimonio. Puede, pues, que hijos de diferentes matrimonios vivan juntos durante diversos días de la semana, del mes o del año: es algo que resulta confuso y, por esta razón, es incluso más importante que los padres sean coherentes en estas situaciones, puesto que mayor coherencia es sinónimo de menor confusión.

La coherencia es muy importante en este tipo de familias. Trabajé con una en la que una niña de seis años vivía con su madre, su tío y sus dos abuelos; tenía cuatro padres y cada uno le daba unas normas diferentes. El tío era muy complaciente; cualquier cosa que la niña hacía le parecía bien. En cambio, los abuelos siempre intentaban que se comportase mimándola con golosinas y a la madre no le había quedado más remedio que ser la dura; ella tenía que encargarse de castigarla, gritar y amenazar. Cuando la madre me visitó en busca de ayuda, la escuché durante nuestra primera sesión; en la segunda reuní a la madre, al tío, a la abuela y al abuelo y estuvimos hablando toda la sesión sobre la coherencia: normas, hora para irse a dormir, aperitivos, etc.

Hay muchos tipos diferentes de familia en la actualidad y todas pueden producir niños normales, que saben comportarse y siguen las normas de disciplina. Los niños muestran una gran capacidad de adaptación, pero los padres deben ayudar a que ésta sea más rápida y saludable siendo coherentes.

Resumen

Millones de niños sufren las consecuencias del divorcio de sus padres. Hasta hace poco se asumía que la flexibilidad y capacidad de adaptación de los niños garantizaba su supervivencia. Sin embargo, en la actualidad pensamos diferente, puesto que sabemos que los niños se tienen que sentir bien consigo mismos para que se comporten adecuadamente y se interesen por el colegio. Los conflictos emocionales, la ansiedad, el estrés y el miedo interrumpen el proceso de crecimiento natural.

Los niños se adaptan mejor al divorcio y, por tanto, también al colegio cuando ambos padres forman parte de sus vidas. No hay ningún remedio para el divorcio, pero existe un tratamiento: intente mantener la paz entre los padres y que ambos se involucren en la vida de sus hijos; cuanta mayor armonía exista entre los padres, mayor será la adaptación de los hijos. Es así de simple. Me he dado cuenta de que muchos padres que han tenido que atravesar una situación hostil de divorcio piensan que estas sugerencias no son realistas y puede que lo sean. Aún así, intento escribir sobre lo que conviene a los niños y lo que es mejor para ellos es que exista coherencia entre ambos padres.

29

Presión de los compañeros

Jorge volvió a casa con lágrimas en los ojos. Era el único estudiante del último curso de primaria que había conseguido un 10 en el examen de matemáticas y el resto de compañeros lo molestaban, diciéndole que era un «empollón»: si uno quiere ser popular en el colegio es mejor ser bueno jugando a fútbol que en matemáticas.

Cómo funciona la presión de los compañeros

La presión de los compañeros es la influencia que los niños tienen los unos sobre los otros. Los compañeros pueden tener una influencia positiva, como sucede a veces, pero desgraciadamente, también pueden ejercer una presión negativa como incitar a formar grupos, a beber alcohol y a tomar drogas, a mantener relaciones sexuales y a no interesarse por los estudios.

Los niños son susceptibles a la influencia de sus compañeros desde que empiezan el colegio y esta presión la ejercen en clase, en el patio, en la cafetería o en cualquier lugar en que se reúnan los chicos. Ser capaces de resistir la presión negativa de sus compañeros es un problema para niños y adolescentes.

El mensaje es: forma parte del grupo; no sobresalgas ni intentes ser único; limítate a ser como el resto; no lleves la mejor ropa ni tampoco la peor; no saques las mejores notas, tampoco las peores. Manténte en el medio.

La mayoría de los adolescentes son su público más crítico, ya que exageran sus defectos (por eso se pasan tanto tiempo en frente del espejo). Tienen que estar perfectos en su apariencia física porque están confundidos por dentro y en esta sociedad se promociona el tener una apariencia física impecable y se debe tener claro que el niño medio ha visto 350.000 anuncios cuando llega a los 16 años: «Compra nuestros cereales para ser más atlético», «Utilice nuestra pasta dentífrica y su amor durará para siempre».

Desde que son pequeños, enséñe a sus hijos que la felicidad proviene del interior, nunca del exterior. Cada persona es diferente y cada uno tiene puntos fuertes y débiles, pros y contras, buenas cosas y malas cosas: es normal ser diferente. Enséñeles a centrarse en lo que hacen bien e intente evitar que se fijen excesivamente en sus defectos.

> «No todo el mundo puede ser bueno jugando al fútbol; alguna gente es mejor deportista que otra. Tú también tienes tus puntos fuertes: eres una persona muy agradable y buena y a todas las personas que te conocen les caes bien; tienes mucho sentido del humor y sacas buenas notas. No te infravalores por lo del fútbol. Intenta hacerlo lo mejor que puedas y disfruta con el partido.»

La mejor defensa que su hijo tiene contra la presión de sus compañeros es la confianza en sí mismo. Arme a su hijo con autoestima subrayando sus puntos fuertes y sus éxitos; enséñele a tener integridad: «Siempre has sido capaz de defenderte tú mismo y saber lo que es correcto. Deberías estar orgulloso de ti por ese motivo». Así su hijo creerá en sí mismo y en su capacidad para tomar decisiones. Háblele sobre la autoestima y dígale que es normal sentirse un poco deprimido a veces; enséñele a hablar con alguien cuando se sienta triste y hágale saber que puede recurrir a usted siempre que tenga algún problema.

> «Es normal sentirse un poco deprimido de vez en cuando. Le pasa a todo el mundo. Cuando yo me siento así, hablar me ayuda bastante. Si hablo con alguien sobre lo que me preocupa, el problema ya no

parece tan grande; mamá y yo hablamos sobre nuestros problemas y así nos sentimos mejor. Tú decide lo que quieras hacer. Sea lo que sea, yo estaré aquí por si me necesitas.»

Anime a sus hijos a hablar con otros niños sobre sus sentimientos: «Sé que tienes una buena amiga con la que puedes hablar. Seguro que ella tiene los mismos temores y preocupaciones por el baile que tú tienes. Habla con ella. Así quizás te sientas mejor».

Recuerde a sus hijos que nadie tiene las respuestas, que es normal sentirse inseguro de sí mismo a veces. Cuando los niños se dan cuenta de que otros niños también se sienten así, saben que es algo normal y no se sienten, entonces, tan solos y atemorizados ni tan vacíos y desesperados.

Deje que su casa sea un buen sitio para que los adolescentes se reúnan. Déjeles intimidad, que escuchen música, hablen y jueguen. Siempre que sea posible, elogie al grupo por su amistad: «Me alegro de ver que os lleváis tan bien. Tener buenos amigos hace que crecer sea más fácil». Enseñe a sus adolescentes a apoyarse mutuamente y a ser amigos de gente que les acepta por lo que son; así como a apartarse de los compañeros que les critican: «No todo el mundo coincide en lo que está bien o mal. Es mejor que te alejes de esos chicos que te hacen sentir triste; deja que hagan su vida sin ti. Si puedes ayúdales a mejorar pero, sino es posible, no dejes que te hagan daño».

Puede que haya ciertas presiones ejercidas por compañeros que usted no puede cambiar. Lo único que puede hacer es intentar que sus hijos se relacionen con otros grupos y que realicen otras actividades que les ofrezcan más apoyo.

Escuchar fomenta la confianza

Los adolescentes problemáticos dicen: «No puedo hablar con mis padres. No me entienden. No saben nada sobre mí. No confío en ellos y ellos no confían en mí».

Los adolescentes positivos dicen: «Sé que les puedo contar lo que sea a mis padres porque escuchan mis problemas. No tengo miedo de contarles algo que he hecho mal: confían en mí». Los niños que muestran una actitud positiva tienen padres que son buenos oyentes.

Cuando los niños y los adolescentes tienen problemas, necesitan saber que pueden recurrir a usted en busca de ayuda. Pero, cuando no se sienten cómodos recurriendo a su ayuda, normalmente deciden enfrentarse solos a los problemas; eso está bien para algunos niños y adolescentes, pero para otros no. La mayoría de los niños que no están preparados para enfrentarse solos a los problemas intentan escaparse de ellos cayendo en la bebida, en malas compañías, drogas y en el suicidio.

El respeto promociona el escuchar positivamente. A menudo mostramos más cortesía con los extraños que con nuestros hijos. ¿Es usted tan educado con sus hijos como lo es con su jefe o con un vecino? Muéstreles respeto y aprenderán, así, a respetarle a usted y a sí mismos. Cuando usted hable con ellos, muéstreles confianza y aceptación: ellos harán lo mismo.

«Me gustaría saber tu opinión.»

«Confío en tus ideas sobre...»

«Puede que no esté de acuerdo contigo, pero es bueno decir lo que crees.»

«Puede que la última vez que hablamos no te escuchase con atención. Lo siento. Si me dieses otra oportunidad, entonces sí que te escucharía.»

Preste atención a su hijo cuando le esté hablando. Es fácil distraerse con algo que pasa alrededor: la televisión, sonidos de teléfono, otros niños. El enfado también puede ser una distracción y resulta bastante difícil pensar con claridad cuando está enfadado. También es fácil distraerse con sus propios pensamientos y problemas: preocupaciones financieras, repasar mentalmente aspectos del trabajo, preparar la comida, etc.

Muchas veces mis hijos querían hablar conmigo mientras yo estaba atareado escribiendo este libro y no me resultaba nada fácil girarme y escucharles. Algunas veces les pedía que esperasen un poco: «Estoy desarrollando una idea importante, ¿puedes volver dentro de cinco minutos?». Es mucho mejor ser honesto que hacer ver que escuchamos.

Aléjese por un momento de sus distracciones y preocupaciones y céntrese en su hijo. Mírele y hágale saber que usted cree que hablar es importante. Puede ser de gran ayuda ir a un sitio tranquilo en el que no haya ninguna interrupción ni distracción o ir a dar un paseo y sentarse en el parque. De este modo estará subrayando la importancia de la comunicación para ambos y él sabrá que lo que dice es importante y que puede hablarle de lo que quiera. Aún así, no siempre es fácil y hace falta práctica y compromiso. Mantenga, por eso, una actitud tolerante ante todo cuanto diga, a pesar de que le parezca raro o aterrador: debe evitar juzgar o culpar; si dice algo que le hace un nudo en el estómago, intente aclararlo.

Cómo aclarar y expresar los sentimientos

Aclarar significa expresar con otras palabras la afirmación de su hijo. Intente descubrir los sentimientos ocultos o el significado subyacente a las palabras de su hijo; cuando crea que ha entendido lo que quiere decir, es el momento de utilizar las aclaraciones para comprobar que su impresión ha sido la correcta. Esta es la forma en la que reaccionan muchos padres

María: «Susana es una pelmaza.»

Madre: «No hables así. Ya sabes que no me gusta.»

El tono de la respuesta de la madre es crítico: está respondiendo a las palabras de María con una respuesta cerrada, que no ayuda a que la comunicación siga. Está claro que María no le hablará mucho más sobre su problema o sus sentimientos.

María: «Susana es una pelmaza.»

Madre: «¿Estás enfadada con Susana?»

María: «Sí. Le ha dicho a todas las chicas que me gusta Juan.»

En este ejemplo, la respuesta de la madre es abierta y, por lo tanto, María sigue hablando. La madre tiene la impresión de que María está enfadada y quiere comprobarlo. De esta forma, María se da cuenta de que la madre la está escuchando. Puede que la primera impresión de los padres sea la errónea y de ahí la importancia de comprobarla. Las respuestas abiertas animan a los niños a seguir hablando; por eso, debe tener claro que cualquier respuesta abierta y tolerante es mejor que una respuesta cerrada y tajante.

María: «Susana es una pelmaza.»

Madre: «¿Estás enfadada con Susana?»

María: «No estoy enfadada, estoy herida. No me ha invitado a su fiesta.»

Ser un buen oyente implica escuchar más allá de las palabras. Utilice la aclaración para animar a su hijo a hablar de sus sentimientos y problemas. No le responda con una crítica o un consejo. Guárdese su opinión para sí mismo hasta que su hijo quiera escucharle y, cuando llegue ese momento, intente emplear preguntas que le vayan mostrando el camino para que él piense por sí mismo.

Enseñar a los niños a pensar por sí mismos

A los padres les encanta dar consejos a sus hijos. Nos encanta solucionar los problemas por ellos y protegerles de tomar cualquier decisión equivocada. Nos gusta darles las respuestas y no solemos esperar a que propongan sus propias alternativas. En muchas situaciones, esta actitud es inofensiva, pero a veces es peligrosa, puesto que hay ocasiones en que los niños deben pensar y decidir por sí mismos. Su objetivo como padre debe ser enseñar a su hijo a reflexionar antes de actuar: «Me gustaría haber pensado antes sobre esto»; los adolescentes tienen que pensar por sí mismos cuando se enfrentan a la presión de sus compañeros, a decisiones sobre drogas y sexo y a problemas escolares.

Los niños necesitan practicar la forma de solucionar sus problemas cuando son pequeños para que sepan solucionarlos cuando son adolescentes. En vez de ofrecerle soluciones, enséñe a sus hijos a pensar sobre sus propias alternativas.

El cuestionario que se presenta le ayudará a guiar a su hijo en el proceso de reflexión mientras toma una decisión.

¿Qué has hecho?

¿Qué debías haber hecho (o cuál es la norma)?

¿Tomaste la decisión adecuada (o fue una buena decisión)?

¿Qué podrías haber hecho de otra forma?

¿Qué puedes hacer la próxima vez?

Estas preguntas son sugerencias. Usted mismo puede desarrollar su propia técnica y lograr que funcione tan bien como ésta. Ahora exponemos un diálogo entre una madre y su hija de doce años, Clara, para ilustrar cómo se pueden utilizar las preguntas.

Madre: «¿Qué has hecho, Clara?»

Clara: «Se estaba metiendo conmigo.»

Madre: «Sólo quiero que me digas qué has hecho.»

Clara: «Le pegué.»

Madre: «¿Cuál es la norma sobre pegar?»

Clara: «Sí, pero es que me estaba llamando de todo.»

Madre: «¿Le pegaste?»

Clara: «Sí.»

Madre: «¿Crees que fue una buena decisión?»

Clara: (silencio)

Madre: «¿Qué más podrías haber hecho a parte de pegarla?»

Clara: «Podría haberme ido.»

Madre: «Pues sí y quizás hubiese sido una buena elección ¿Te hubieses metido en problemas si te hubieses ido?»

Clara: «No.»

Madre: «Quizás debas hacer eso la próxima vez que alguien te moleste».

La madre no aceptaba excusas ni dejaba que Clara la convenciese. Así, le intentaba enseñar a pensar sobre lo que hizo y a buscar alternativas para el futuro.

Si a su hijo no se le ocurre una conducta alternativa, evite darle consejos porque, si no funciona, le culpará a usted. Intente quizás sugerirle otras posibilidades contándole una historia: «Cuando tenía tu edad, tenía una amiga que estaba en una situación parecida. Ella solucionó su problema ignorando a los niños que se metían con ella». Esta estrategia ya ofrece la idea, pero dependerá de su hijo si quiere cogerla o no (y no crea que la historia es un engaño porque estoy seguro que alguno de sus amigos tuvo ese problema alguna vez).

Si hace las preguntas adecuadas puede evitar enzarzarse en discusiones y enseñarle, al mismo tiempo, a tomar mejores decisiones. Aquí ofrecemos un ejemplo de un caso un poco más difícil.

Padre: «¿Qué ha pasado Cristian?»

Cristian: «No ha pasado nada.»

Padre: «¿Qué has hecho?»

Cristian: «Te acabo de decir que no ha pasado nada.»

Padre: «Pues a mi me parece que le has pegado a tu hermano.»

Cristian: «Bueno, y ¿para qué me lo preguntas si ya lo sabes?»

Padre: «Ya hemos hablado antes sobre esto. Ya sabes que no permito que se pegue en esta casa. Espero que la próxima vez que suceda, tomes una buena decisión. Ya decidiremos como castigarte más tarde.»

El padre intenta subrayar la importancia de la buena toma de decisiones pese a la escasa colaboración de Cristian. Estas situaciones son muy comunes, sobre todo con los niños que tienen sus propias ideas. Aunque Cristian no quería discutir sobre lo que había ocurrido, el padre mantuvo la calma en todo momento y evitó darle lecciones sobre pegar o ser tozudo. El padre reconoció que Cristian no quería hablar y sabiamente decidió no insistir. Es mejor que Cristian se tranquilice antes de seguir charlando; una vez esté más relajado, será más fácil que le preste atención al padre.

Resumen

El entusiasmo por la vida debe provenir del interior y no puede buscarse en el exterior. Los niños aprenderán esto de usted. Ame a sus hijos incondicionalmente y ellos aprenderán a hacer lo mismo. Muéstreles cuánto les valora: «Da igual que el mundo de fuera sea muy duro, porque alguien siempre me apoyará». Eso es lo que los niños necesitan saber para poder enfrentarse a la presión que ejercen sus compañeros.

Encamine a sus hijos a pensar por sí mismos desde que son pequeños. Déles alternativas y elógieles cuando tomen buenas decisiones. Muéstreles cómo podrían mejorar unas decisiones regulares y ayúdeles a explorar las alternativas a su conducta y decisiones. Guíe a sus hijos a pensar por sí mismos y enséñeles cómo las decisiones acarrean consecuencias: enséñeles el poder de escoger en el futuro.

Parte VI

Cómo disfrutar siendo padre

30

Prometa dar gracias

Anthony ya no se hace «pis» en la nevera pero, despúes de leer que lo había contado en la primera página, dijo que le gustaría volver a hacerlo para vengarse de mí por haber contado la historia. Puesto que la capacidad de su vejiga es bastante mayor en la actualidad que hace diez años, intento hacerle cambiar de idea y ser amable con él. Durante los últimos seis años hemos podido ir siempre a los fuegos artificiales y he aprendido a guardarme para mí las amenazas tontas. Leah come con los mismos modales que una estrella de cine cada vez que vamos a cenar fuera, pero todavía sigue pidiendo una hamburguesa con queso, patatas fritas, un vaso de leche pequeño y una pajita, y yo he dejado de insultar a los otros conductores en los aparcamientos, bueno, casi siempre.

Miguel ya no arma berrinches en el supermercado ni en ningún otro sitio, aunque sigue disfrutando de sus piruletas. La Sra. Ellis ya no se ha tomado ninguna vacación más por estar cansada de ser consecuente y sus hijos van bastante bien en el colegio y en casa. Nadia acabará su educación secundaria este año y ya no ha vuelto a saltarse las clases (que nosotros sepamos) desde aquella vez que decidió esconderse en el armario hace ya cuatro años.

Desde luego, lo que no se puede decir es que los niños son aburridos. Siempre harán algo para lo que usted no estaba preparado y ser padre es duro porque requiere innumerables sacrificios y mucho trabajo, si bien se acaban obteniendo las recompensas: el orgullo de los logros, el milagro del crecimiento y el desarrollo, los sentimientos de afecto... Si la conducta inapropiada de sus hijos le está privando de estas recompensas es que están haciendo trampas. No permita que su conducta inaceptable interfiera porque, en ese caso, usted está luchando sin victorias y le están privando de los placeres de ser padre. Usted se merece disfrutar de sus hijos.

Hace algunos años, estuve en un colegio para niños discapacitados. Cuando me monté en el coche ya para marcharme, decidí escribir primero unas notas. Mientras tanto, una furgoneta aparcó en frente mío; un señor mayor se bajó, caminó hacia la parte trasera y abrió la puerta, luchando por sacar algo. Entonces me di cuenta de lo que era: una silla de ruedas. Como pudo la arrastró hasta el suelo y la puso en la posición adecuada; llevó la silla hacia la puerta del pasajero, abrió la puerta y se adentró en la furgoneta. De repente, salió con su hijo en brazos, ya mayor, le puso en la silla de ruedas, le abrochó el cinturón de seguridad y le condujo al colegio.

En ese momento pensé en mis hijos. ¿Cuántas veces me había quejado en silencio por tener que esperar pacientemente hasta poder abrochar el cinturón de seguridad de Leah en el coche? ¿Cuántas veces me he enfadado porque no movía los brazos y las piernas con la rapidez que deseaba? Fue una visión muy dolorosa, pero revitalizante, al mismo tiempo. En ese momento, hice una promesa: prometí dar gracias y disfrutar de mis hijos al máximo.

Todos los padres quieren disfrutar de sus hijos, pero pocos consiguen la alegría que se merecen. Es fácil dar gracias a sus hijos cuando están colaborando y se comportan bien. En esos casos, a los padres les gusta dedicar tiempo a empresas placenteras porque no tienen que gritar ni discutir, pero es más difícil disfrutar de sus hijos cuando manifiestan una conducta inaceptable, ya que se crea una situación tensa.

Muchos padres intentan evitar estas situaciones de estrés y sentimientos irritantes. Para ello, mandan a sus hijos a jugar fuera para no tener que estar con ellos y se pasan el día esperando que llegue la hora de ir a la cama. Contemplan a sus hijos como una carga y desarrollan sentimientos de resentimiento, esperando con ansiedad el día en que sus hijos se marchen de casa. Sin embargo, estos padres se están perdiendo una preciada oportunidad y pueden hacer muchas cosas para evitar estos sentimientos negativos. Tómese tiempo de vez en cuando para revisar estos puntos.

Diez principios que se deben practicar

1. Recompense la conducta correcta, en vez de la incorrecta. Fomente las peticiones educadas de su hijo, en vez de sus lloriqueos, sus molestias y berrinches. Refuerce también las charlas tranquilas, en vez de las discusiones y las luchas de poder.

2. Piense antes de hablar. Diga lo que piensa y piense lo que diga. Sea consecuente. Ayúdese con recordatorios visuales. Recompénsese a sí mismo por ser consecuente y coherente.

3. Espere que sus hijos manifiesten buena conducta. Los niños necesitan saber lo que usted espera de ellos y lo que ellos pueden esperar de usted. Cuando puedan predecir cuál va a ser su conducta en ciertas circunstancias, sabrán tomar mejores decisiones.

4. Los niños se creen todo cuanto les cuenta. Dirija a sus hijos hacia caminos en los que puedan conseguir logros. Enséñeles que el esfuerzo es esencial para conseguir sus metas. Para ello debe apoyarlos constantemente. Cuando apoya y anima a sus hijos, verán que usted ha depositado confianza y fe en ellos; este apoyo les ayudará a enfrentarse a las situaciones con mayor confianza en sí mismos.

5. Anticipe los problemas. Explíqueles las reglas por adelantado, sea específico y razonable. Una vez haya observado una pauta de conducta inapropiada, deberá establecer un plan. Subraye los logros. Ofrézcale apoyo y ánimo. Utilice las tablas y contratos para reforzar su plan.

6. Emplee castigos que enseñen a sus hijos a tomar buenas decisiones así como ciertas nociones de contabilidad. Los niños son capaces de soportar castigos moderados como las restricciones y el tiempo muerto. No les castigue cuando esté enfadado ni para conseguir venganza. Relacione el castigo con las decisiones del niño, así le estará enseñando a ser responsable.

7. Empiece a enseñarles responsabilidad y buena toma de decisiones cuando son pequeños. Prepárelos para enfrentarse al mundo real. Para ello debe ser estricto, pero positivo. Los niños necesitan límites, estructuras y normas. También necesitan que los padres sean coheren-

tes y consecuentes. De esta manera, sabrán ver en estas cualidades una manifestación de su amor y preocupación por ellos.

8. Quiera a sus hijos sea cual sea su conducta. Céntrese en las cualidades de sus hijos y enséñeles a buscar la autorecompensa (sentirse bien con uno mismo al haber hecho lo correcto). Elogie a sus hijos cuando tomen la decisión adecuada y enséñeles a agradarse a sí mismos, si bien deben aceptar sus debilidades y sus defectos. Póngase a sí mismo como ejemplo. De esta forma, aprenderán a admitir sus defectos en frente de los demás y, por consiguiente, estos puntos débiles tendrán menos importancia en sus vidas.

9. Sepa apoyarse a sí mismo, incluso cuando los demás pongan su forma de educar en tela de juicio. No deje que sus hijos le toquen el punto débil. Sea fuerte y controle su propia conducta para que les sirva de modelo. De este modo, ellos aprenderán de usted.

10. Ofrézcales un ambiente familiar sano y agradable. Subraye los puntos fuertes de cada uno de la familia y acepte sus debilidades. Hablen sobre valores y objetivos. Sus hijos aprenderán a recurrir a usted cuando tengan problemas, lo que será muy útil y positivo cuando lleguen a la adolescencia.

Últimos pensamientos

Ser un buen padre es duro, puesto que criar a unos hijos que manifiesten una buena conducta requiere valentía y paciencia. Por eso, confíe
en sí mismo: usted sabe lo que es mejor para sus hijos. Concéntre-
se en asuntos importantes: la salud mental, la felicidad, el respeto por
uno mismo y el amor a los demás.

Algunos padres creen que basta con querer a sus hijos para que
estos crezcan y sean encantadores. El amor es esencial, pero por sí solo
no garantiza la buena conducta. La conducta inapropiada no es agradable para nadie y hay que intentar corregirla siguiendo las ideas que
se han presentado en el libro.

Usted tiene derecho a disfrutar siendo padre. No deje que la conducta inaceptable de sus hijos le prive de las satisfacciones. Pase a la
acción: diseñe una estrategia para cambiar la conducta de sus hijos y
divertirse; ría, juegue y participe en la vida de sus hijos y verá cómo le
ayudará a sentirse joven. Debe recordar que éstos son los mejores años
de su vida.

Índice de materias

A

Actividades recompensa (cap. 6), 74

Alabar, 48, 51, 53, 58, 89. *Ver* apoyo

Amenazas y advertencias (cap.12), 108, 120
    Advertencia temporal, 109

Ánimo, 1, 39, 48, 51, 62, 90, 97, 102, 103, 138, 148, 168, 211, 212, 219, 234, 243, 246, 259, 275. *Ver* apoyo

Anticiparse (cap. 9), 18, 77

Apoyo, 11, 51, 52, 57, 58, 62, 89, 90, 130, 234, 244, 248, 259, 263, 275

Atención (cap. 23), 131, 136, 151, 152, 188, 189, 198, 206, 217, 218, 242, 245, 246, 248, 251, 264, 269
    Búsqueda de atención, 218
    Déficit de atención, 246, 248

Atmósfera familiar (cap. 10)

Autocontrol (cap.18), 18, 22, 30, 42, 139, 164, 168, 169

Autoestima (cap.11), 7, 18, 24, 47, 49, 51, 69, 82, 97, 99, 100, 101, 102, 103, 152, 165, 167, 229, 234, 251, 253, 257, 262
    Cómo desarrollar la autoestima

Avergonzado, sentirse (cap. 4, 12), 16, 100, 106, 110, 138,

Azotainas (cap. 18), 8, 163, 164, 165, 166, 167, 168, 169, 172, 176, 214
    El método impulsivo, 165, 166, 167, 169
    El método del enfado, 167, 168
    El método planificado, 165, 168, 169

B

Berrinches, 18, 19, 118, 119, 128, 129, 130, 171, 174, 198, 221, 273, 275

C

Castigo (cap. 16-19), 8, 18, 19, 27, 28, 40, 81, 83, 84, 85, 91, 93, 108, 114, 121, 122, 131, 136, 137, 139, 143, 195, 196, 197, 198, 199, 200, 201, 205, 206, 207, 211, 212, 214, 219, 221, 222, 239, 243, 247, 275

Ceder, 38, 41, 42, 105, 106, 114, 119, 129, 218, 226, 258

Centrarse en lo positivo (cap. 5), 149

Chillar, 130, 174. *Ver* gritar

Coherencia (cap. 13), 97, 111, 112, 113, 114, 178, 196, 247, 248, 256, 257, 258, 259, 260

Colaboración, 28, 29, 30, 39, 41, 69, 70, 72, 82, 97, 119, 130, 141, 147, 157, 178, 206, 211, 215, 229, 256, 268

Colegio (cap. 28...), 9, 22, 34, 53, 58, 60, 65, 67, 72, 73, 78, 87, 90, 92, 103, 107, 111, 117, 121, 143, 145, 148, 166, 221, 239, 243, 244, 245, 249, 251, 253, 254, 256, 257, 258, 260, 261, 273, 274, 280, 285

    Colegio, conducta y tablas (cap. 7)

Compromiso, 42, 197, 212, 226, 265. *Ver* coherencia

Conducta de los padres, 24

    Coherencia entre padres (cap. 12), 113

Cómo aprendemos a comportarnos como padres (cap. 1), 20

    Modificar su conducta, 24, 81

Conductas prioritarias (cap.9), 63, 72, 79, 80, 81, 84, 85, 117, 118, 119, 122, 124, 179, 181, 189

    Anticiparse, 77

    La compra preparada, 78

Consecuencia (cap. 8), 72, 73, 74, 243, 247, 251, 254, 255, 257, 260, 269

    Consecuencias naturales, 74

Consecuente, 7, 19, 38, 81, 83, 105, 106, 107, 108, 109, 111, 117, 118, 119, 120, 121, 122, 123, 124, 129, 130, 131, 133, 137, 139, 143, 147, 150, 156, 157, 161, 162, 168, 171, 172, 174, 178, 180, 185, 186, 187, 195, 196, 197, 199, 200, 214, 248, 273, 275, 276

    Ser consecuente y el futuro, 106

Contrato (cap. 7), 7, 41, 57, 61, 67, 68, 69, 81, 84, 90, 162, 240, 243, 244, 247, 275

Copiar modelos (cap. 3), 33

Corregir la mala conducta, 42, 93

Culpabilidad (cap. 15), 22, 137, 168

    Cómo acabar con la culpabilidad, 137

D

Deberes escolares (cap. 26), 19, 42, 239
    Cómo ayudarles a hacer los deberes, 240
    Incentivos, 243
Decisión 27, 29, 40, 47, 48, 51, 52, 53, 64, 73, 113, 114, 123, 129, 146, 164, 165, 192, 196, 236, 266, 267, 268, 276
Dinero (cap. 25), 57, 59, 60, 95, 114, 230, 231, 232, 233, 234, 235, 238, 253, 254
Disciplina, 7, 9, 17, 18, 20, 21, 22, 23, 27, 28, 29, 30, 36, 44, 49, 56, 77, 91, 111, 113, 114, 115, 120, 122, 123, 139, 145, 149, 167, 169, 173, 196, 208, 211, 213, 217, 244, 246, 248, 255, 256, 259
Discutir, 41, 43, 53, 114, 115, 119, 132, 136, 137, 155, 179, 182, 191, 192, 193, 203, 204, 205, 206, 207, 209, 210, 213, 214, 230, 232, 257, 268, 274
Disputas, 64
Divorcio (cap. 28), 249, 250, 251, 253, 254, 255, 257, 258, 259, 260
y conducta, 8, 249
    Efectos retardados, 254
    Repercusiones escolares, 251
    La vuelta a casa el lunes por la mañana, 255
    Familias mezcladas o ampliadas, 259

E

Elección, 75, 79, 106, 120, 157, 183, 193, 267. *Ver* decisión
Elogio. *Ver* alabar, apoyo
Enfado (cap. 15), 17, 22, 33, 34, 35, 40, 91, 97, 136, 137, 138, 139, 140, 141, 144, 145, 146, 149, 152, 155, 158, 160, 163, 167, 168, 169, 195, 205, 208, 210, 227, 253, 264
    Cómo acabar con el enfado, 137
    Cómo expresar su enfado de manera constructiva, 139
Enojo, 17. *Ver* enfado
Errores (cap. 1), 21, 34, 52, 89, 209
Escuchar (cap. 29), 40, 94, 109, 159, 165, 176, 199, 247, 259, 263, 264, 266
    Cómo aclarar y expresar los sentimientos, 265
Estrés, 51, 137, 249, 251, 254, 260, 274
    Cómo acabar con el estrés (cap. 15)
Excusas (cap. 14), 132, 133, 174, 208, 220, 246, 248, 258, 268
Expectativas 22, 30, 53, 64, 67, 71, 72, 74, 75, 82, 83, 88, 100, 114, 205, 206

F

Familias, 9, 22, 36, 91, 106, 159, 165, 220, 259
    Familias mezcladas o ampliadas (cap. 28), 259. *Ver* divorcio
Frases evasivas (cap. 12), 110, 111
Futuro (cap. 12), 17, 19, 23, 38, 51, 53, 62, 78, 89, 106, 107, 113, 115, 118, 128, 129,
    130, 131, 132, 145, 157, 167, 174, 194, 206, 220, 239, 244, 249, 250, 268, 269

G

Gritar, 17, 20, 28, 37, 130, 141, 144, 171, 172, 174, 179, 191, 198, 199, 209, 210,
    213, 250, 259, 274

H

Halagos, 39, 51, 58, 59. *Ver* apoyo
Humor (cap. 10), 19, 93, 97, 120, 121, 210, 255, 262

I

Ignorar (cap. 23), 17, 42, 181, 183, 187, 221, 222
    Cómo, 221
    Cuándo, 221
Incentivos (cap. 6), 19, 30, 47, 49, 56, 57, 58, 59, 62, 63, 64, 70, 81, 82, 83, 84,
    90, 240, 243, 247
    Menú de incentivos 57, 63, 70
Intentos (cap. 1), 21, 29, 89, 180
Interés, 63, 64, 70, 78, 82, 91, 206. *Ver* motivación

L

Lista de seguimiento (cap. 7, 25), 66, 67, 243, 244
Luchas de poder (cap. 22), 8, 18, 19, 203, 204, 212, 244, 275
    Por qué no puede ganar una lucha de poder, 204
    Cómo tratar el poder, 205
    Poder y autoridad, 206, 215
    Cómo corregir a su hijo sin discutir, 207

M

«Modelar progresivamente» (cap. 10), 88
Modelos, 7, 17, 18, 33, 35, 36. *Ver* copiar
Modificar, 24, 25, 40, 43, 64, 69, 80, 81, 111, 120, 121, 129, 144, 146, 148, 167, 168, 213, 214, 227, 240. *Ver* conducta de los padres
Motivación (cap. 10), 7, 49, 51, 63, 64, 69, 82, 87, 88, 89, 90, 91, 94, 99, 103, 149, 152, 206, 240, 243, 244, 255

N

Normas (cap. 8), 71, 72, 73, 74, 75
Nunca pregunte «¿Por qué?» (cap. 14), 132

P

Paciencia, 17, 23, 33, 43, 69, 120, 129, 130, 131, 277, 280. *Ver* coherencia
Paga semanal (cap. 1, 25), 19, 183, 230, 235
Pelearse, 19, 27, 43, 148, 155, 178, 179. *Ver* discutir
Planificación (cap. 9), 18, 42, 77, 79, 83, 84, 121, 168, 173, 176, 188, 243, 246
    Guía de planificación, 79, 83, 84
Punto débil (cap. 15), 8, 18, 24, 135, 136, 137, 141, 145, 167, 172, 174, 187, 205, 206, 208, 210, 211, 222, 276
    Defenderse de los ataques a sus puntos débiles, 138

R

Rechistar, 136, 189, 206, 214. *Ver* enfado
Recordatorios tangibles, 119
Refunfuñar. *Ver* enfado
Replicar, 136, 189, 231. *Ver* enfado
Represalias, 145, 158, 159, 160, 161, 206, 210, 211, 214
«Respuesta positiva» (cap. 5), 11, 50, 54, 70, 82, 103, 122, 147, 148, 149, 151, 152, 153, 189, 229
Retos, 122, 124. *Ver* coherencia

S

Soborno (cap. 14), 127, 133
Subrayar la buena conducta (cap.5), 7, 47, 48
Sustitución, 48

T

Tiempo muerto (cap. 19, 20, 21), 8, 171, 172, 173, 174, 175, 176, 177, 178, 179, 180, 181, 182, 183, 184, 185, 186, 187, 188, 189, 190, 191, 192, 193, 194, 195, 196, 197, 198, 199, 200, 201, 213, 214, 222, 248, 275
   Escoger una habitación adecuada, 175
   La duración del tiempo muerto, 177, 200
   Las malas conductas prioritarias, 179, 189
   Cómo explicarlo, 181
   ¿Qué ocurre si no se produce mejoría alguna?, 187
   ¿Qué hacer con un niño que se niega?, 191, 192, 193, 194
   Fuera de casa, 196, 197, 201, 238
   Para dos niños, 197
   Para los más pequeños, 197
Trastorno de déficit de atención (cap. 27), 248
Trastorno hiperactivo de déficit de atención (cap. 27), 246

V

Vergüenza 34, 50, 105, 146, 208. *Ver* avergonzado, sentirse

El autor

El Dr. Sal Severe es actualmente presidente del Departamento de Servicios Psicológicos para el Cartwright School District en Phoenix, Arizona. Ha ejercido como psicólogo escolar durante 22 años, centrando su profesión tanto en el tratamiento de niños y adolescentes que manifestaban desórdenes emocionales y de conducta, como en tratamiento de sus padres. También ha ejercido, aportando ayuda psicológica, como profesor y director de educación especial. Ha trabajado tanto en escuelas públicas y privadas como en centros y residencias de tratamiento psicológico. Asimismo, ha impartido clases y ha supervisado prácticas de campo de Psicología Escolar en Facultades de la Arizona State University y la Northen Arizona University. También ha llevado a cabo cursos de formación para el Departamento de Educación del estado de Arizona.

El Dr. Severe es actualmente presidente de la Arizona Association of School Psychologists (Asociación de Psicólogos Escolares de Arizona), además de ser miembro de la National Association of School Psychologists (Asociación Nacional de Psicólogos Escolares). Entre sus premios se cuentan el galardón con el Golden Achievement Award (Premio dorado) de la National School Public Relation Association (Asociación de Colegios Públicos) en reconocimiento por su trabajo en la formación de padres. Ha aparecido en más de 300 programas de televisión y radio y su libro ha sido mencionado en el programa *Learning Channel,* en *Teacher TV,* en *MSNBC Daytime,* en *National Public Radio (NPR),* en *ABC Radio Network* y en el programa *Fox on Family* de Fox Network. Además también ha constado en Book of the Month Club (Club del libro del mes) y Children's Book of the Month Club (Club del libro del mes para niños). El Dr. Severe ha participado en coloquios por Internet de America Online y Parent Soup y está citado en *Who's Who*.

En los últimos diecisiete años, ha dirigido más de 500 clases de terapia en grupo por todo Estados Unidos. Su trabajo en colegios, iglesias y organizaciones de padres ha sido ampliamente reconocido. Además ha llevado a cabo cursos de formación para The National Head Start Association[1], the National Association of School Psychologists (Asociación Estadounidense de Psicólogos Escolares), the Council for Exceptional Children[2], Tough Love[3], y Hemophilia Association (Asociación de hemofilia). Los temas de sus grupos de terapia incluyen la capacitación parental, la conducta del hijo, los efectos del divorcio en los hijos, la autoestima, mantener bajo control una clase y estrategias institucionales. El Dr. Severe también ha ofrecido entrenamiento en empresas como Intel Corporation, General Motors, SONY, Motorola, Honeywell, Texas Instruments, Pizza Hut, NAPA, Federal Express y Transamerica Occidental.

El autor del libro tiene tres hijos que consumen el resto de su tiempo y energía, pero que, sin lugar a dudas, le llenan de orgullo y satisfacción.

---

1 Organización estadounidense sin ánimo de lucro que defiende los intereses del menor.
2 Organización profesional dedicada a la mejoría de los resultados escolares de niños con dificultades y déficits.
3 . Grupo internacional de apoyo ente padres para corregir la conducta de sus hijos.